# 마음과 성공

## CREATIVE MIND AND SUCCESS

이 책 『마음과 성공』은 어니스트 홈즈가 1922년에 펴낸 『Creative Mind and Success』를 완역한 것이다. 생각 사용법을 쉽고 빠르게 반복 학습하도록 구성된 책으로, 품위 있고도 힘찬 필치가 읽는 이에게 힘을 준다. '차례' 자체가 훌륭한 요약이어서 그것만 보아도 복습이 되는 장점이 있다.

# 마음과 성공

### 부와 행복을 이끄는 끌어당김의 법칙

어니스트 홈즈 | 박찬준 · 고빛샘 옮김

# CREATIVE MIND
# AND SUCCESS

# 차례

## 1부 설명

# 욕망이 아닌 사랑으로,
# 끌어당김의 법칙을 발견하라

2007년 여름. 나는 한 생각에 집중했다. 당시 추진하던 일에서 성공하는 상상을 하고 또 했다. 그리고 그 일은 몇 주 만에 실패로 끝났다. 2012년 말. 1년 6개월에 걸친 영상 번역 봉사가 끝났다. 최대 스무 명 정도의 시청을 위해서 한 일이었다. 작업을 끝내고 불과 이삼일 뒤 예상 못 한 큰돈이 생겼다. 봉사와는 아무 상관도 없는 돈이었지만, 수고 많았다고 선물이라도 받은 기분이었다. 이 두 시기 사이에 나는 이 책 『마음과 성공』의 원서를 만났다.

2011년 3월. 공역자와 함께 이 책의 번역 초고를 완성했다. 이 또한 소수의 사람들과 나누기 위해서 한 일이었다. 그 11년 뒤인 지금, 이 글을 쓰기 위해 오래전에 읽었던 책들을 다시 읽다가 나는 놀랐다. 15~6년 전에 읽은 책들에서 내가 무엇을 잘못 배웠는지가 한눈에 보였기 때문이었다. 바라는 대로 이루어졌다고 집요하게 상상하라. 나는 이렇게 배웠고, 배운 대로 실천했다가 실패했다. 무엇이 문제였을까.

자신이 바라는 대로 어떤 일이 이루어진 사람은 그 일에 대해 더 이상 아무 생각이 없다. 처음에는 기쁘지만 얼마 안 가 무덤덤해지기 마련이니까. 따라서 정말로 이루어졌다고 상상하려면 '그 일에 대해 아무 생각이 없는 지경'에 도달해야 한다. 그런데 2007년의 나는 일의 성패가 결정되던 그날까지 그 일의 성공을 상상했다. 그래서 일의 성공을 여전히 상상 중인 사람, 즉 아직 성공 못 한 사람으로 남았던 것이다. 다시 말하지만, 어떤 일이 이루어졌다고 제대로 상상하려면 성공한 사람답게 그 일의 성패에 무심해져야 한다.

이 책『마음과 성공』을 다시 읽으면서는 더욱 놀랐다. 번역할 당시에는 별로 와닿지 않았던 이런 말들 때문이었다. "가장 먼저 할 일은 모든 사람을 사랑하는 법을 배우는 것이다."(79쪽)

"지금 당장 사랑과 애정이 가득 담긴 생각을 온 세상에 내보내라."(79쪽) "사랑과 협력이야말로 세상에서 가장 위대한 사업 원리다."(82쪽) "세상은 사랑을 사랑한다. 사랑을 구현하라."(253쪽) 이제 와서 보니 2011년의 나는 『마음과 성공』의 번역을 마치고 불과 몇 달 뒤 '사랑이 가득 담긴 영상'을 사람들과 나누는 일에 착수했었다.

성공을 상상할 필요는 전혀 없었다. 영상 번역 작업은 제법 고된 일이었지만 매달 신나게 했다. 그 자체가 이미 성공이었다. 또한 사람들이 영상을 보며 기뻐하는 모습을 보면 매번 기뻤다. 성공의 기쁨이 이미 있었다. 게다가 그렇게 1년 반 동안 계속 성공했더니 돌연 큰돈까지 생겼다. 여기서 "잠깐, 그 나눔과 큰돈 사이에는 인과 관계가 전혀 없잖아? 그냥 우연이었을 뿐이잖아?"라고 할 사람이 있을 것 같다. 그렇게 보인다면, 정말로 큰 성공을 거둔 이들은 한결같이 자신의 성공이 운 덕분이라고 말한다는 사실에도 주목하자.

이 책에 수없이 나오는 용어인 '법칙'은 좋은 운을 끌어당기는 법칙이라고 할 수 있다. 내가 바라는 어떤 것을 곧바로 끌어당기게 해 주는 법칙이 아니다. 내가 바라는 바가 과연 내게 좋은 것인지, 그조차 우리는 알 수 없기 때문이다. "곤경에 빠지는 것은 뭔가를 몰라서가 아니다. 뭔가를 확실하게 안다는 착각 때문이다." 마크 트웨인이 숱한 곤경에 빠져 보고 나서 한 말이다. 100퍼센트 동감한다. 우리는 '내가 무엇을 바라는 것이 좋을지'부터 알아내야 한다.

"무엇이 최선인지 언제나 정확히 아는 능력이 있는 듯한 사람들이 있다."(244쪽) "침묵 속에 가만히 앉아 '영'이 내면에서 길을 안내하고 있다고 확신하라."(245쪽) "애쓰고 발버둥치기를 모두 멈추고 자신의 영혼 안에 있는 진실을 알아 전적으로 신뢰하라."(250쪽) "나는 인도와 보호를 받고 있고 '영'의 힘이 모든 것을 이루어 주고 있다고 날마다 선언하라. 그리고 완전한 평화와 확신 속에 기다리라."(250~251쪽) 이 또한 번역 당시에는 와닿지 않았던 말들이다. 그런데 돌이켜보니 나는 지난 10년 동안 점차 그렇게 되어 왔다. 『마음과 성공』을 번역하고 퇴고하느라 문장 하나하나를 여러 차례 되씹었더니 책 자체가 나의 확언이 되어 내가 그렇게 바뀌어 온 듯하다.

1800년대 초반부터 (주로 미국에서) '병이 나았다고 상상했더니 진짜로 낫더라.'라는 현상이 연구되었다. 그에 이어 '이미 성공했다고 상상했더니 진짜로 성공하더라.'라는 현상도 연구

되었다. 그리고 이렇게 생각의 현실 구현 능력을 연구하는 사람들이 점차 집단을 이루어 '새 생각(New Thought)' 운동을 일으켰다. 실용주의 영성 사조로 요약되는 이 '새 생각'의 토대를 세운 사람으로는 엠마 커티스 홉킨스(1849~1925)가 꼽힌다. 스승들의 스승이라 일컫는 홉킨스는 말년에 천재 제자를 얻었는데, 그가 바로 이 책의 저자 어니스트 홈즈(1887~1960)다.

『시크릿』의 저자 론다 번은 책 속에서 "내게 가장 큰 통찰력을 제시한 사람은 로버트 콜리어, 프렌티스 멀포드, 찰스 해널 그리고 마이클 버나드 백위스다."라고 했다. 앞의 세 사람은 19세기에 태어난 고인들이고, 살아 있는 사람은 백위스뿐이다. 이 백위스는 어니스트 홈즈가 창시한 '종교의 과학(Religious Science)'에서 성직을 받은 사람이다. 이 책『마음과 성공』을 읽고『시크릿』을 다시 읽어 보면, 백위스의 말을 인용한 대목이 매우 많으며 그 말들은 모두 이 책에서 옮겨 오다시피 한 것임을 알 수 있다.

백위스는 고(故) 데이비드 호킨스 박사의 강연에 종종 참석했다.(내가 자막 번역 봉사를 했던 '사랑이 가득 담긴 영상'도 그의 강연들이다.) 호킨스 박사는 여러 강연에서 어니스트 홈즈의 책들을 추천했다. "깨달은 스승들의 어려운 가르침을 접하기 전에 바위처럼 단단한 기초를 쌓게 해 줄 것"이라고 했다. 한편 호킨스 박사의 저서 중에서 가장 쉽고 심지어 재미있는 책은『성공은 당신 것』인데, 나는 그 원서를 2016년에 접한 뒤로『마음과 성공』에 대한 이해가 깊어졌다. 홈즈 선생이 왜 사랑을 강조하는지 알게 되었다.

어떤 것을 사랑하는가, 아니면 그저 욕망하는가. 사랑할 때는 그것을 얻기 위한 일을 '해낼 수 있다.'는 기분이 강하게 든다. 욕망할 때는 그 일을 '해낼 수 없을지도 모른다.'는 두려움을 내심 떨칠 수가 없다. 그러면 어떻게 될까.『시크릿』책의 등장인물 소개란에서 맨 앞에 나오는 잭 캔필드는 대표작『석세스 프린서플』에서 이렇게 말했다. "'난 할 수 없어.'란 말은 실제로 당신의 힘을 빼앗아 버린다. 그런 말들을 할 때 당신은 실제로 더 약해지게 된다. 내 세미나에서 나는 운동요법*이란 것을 사용해서 사람들이 여러 다른 느낌의 문장들을 말할 때 그들의 근육 강도를 시험해 본다."

'할 수 있다.'는 말은 사랑이 있을 때만 진심으로 나올 수 있는 말이다. 말만 단호하게, 상상만 지속적으로 한다고 해서 진

---

* 문장으로 시험하는 방식의 운동요법은 호킨스 박사가 창시한 것이다. ─ 옮긴이

심이 우러날 수 있는 말이 아니다. 호킨스 박사는 심지어 "끌어당김의 법칙을 잊으라."고 했다. "왜냐면 그건 단지 에고가 제멋대로 욕망을 세상에 투사하는 것이기 때문"이라고 했다. 어떤 것을 욕망하면 그 일의 성패에 민감해진다. 어떤 일을 사랑하면 그 일의 성패에 무심해진다. 잊는다. 그런데 알고 보면 어느새 성공이 다가와 있다.

아무리 집요한 사람도 몇 주, 몇 달, 몇 년을 상상하다 보면 지치는 순간이 온다. 지쳐서 잊어 버리는 순간이, 그토록 바라던 바를 놓아 버리는 순간이 온다. 그리고 어느새 그것이 다가온다. 이 놓아 버림의 순간이 있다는 것을 모르면 '굳세게 상상하라, 그러면 이루어진다.'라고만 믿게 된다. 내가 그렇게 믿었다. '상상한다'와 '이루어진다' 사이에 '잊는다'가 있는 줄 몰랐다. 그래서 실패했다.

애쓰다 지쳐서 놓아 버릴 필요가 없다. 그냥 처음부터 그것을 사랑하면 된다. 어떤 것이 밑도 끝도 없이 사랑스러워 보인다면 그것은 이 책에서 말하는 '영'으로부터 인도받은 것이다. 그리고 내게 그것이 사랑스럽다면 나는 이미 성공한 것이다. 그것의 사진을 어디다 붙여 놓고 쳐다만 봐도 행복하니까. 그리고 그것을 사랑하는 데 필요한 일이라면 뭐든 무진장 열심히 하게 된다. 그러다 보면 (때로는 엉뚱한 경로를 통해) 돈이 들어오기도 하고 인맥이 이어지기도 한다. 어떤 것과 사랑에 빠진 사람은 그것과 이미 함께하고 있다는 생각을 '자동으로' '힘들이지 않고' 유지한다. 그리고 성패에는 무심해진다. 성패를 놓아 버린다. 잊는다.

'치열한 노력을 원인으로 삼으면 성공을 결과로 얻는다.' 이것이 이 경쟁적인 사회의 고정 관념이다. 이 관념에 우리가 아예 절여져 있다 보니, 생각 사용법을 말하는 '새 생각' 책을 읽어도 '좋아, 치열하게 상상해 봐야겠어.'라는 '헌 생각'을 하게 된다. 그리고 그렇게 헌 생각의 눈으로 새 생각 책을 읽은 뒤에 실천하면 15년 전에 내가 경험한 실패를 맛보게 된다. 하지만 욕망과 경쟁의 시대는 저물어 가고 사랑과 협력의 시대가 열리고 있다. 헌 생각은 그 할 일을 거의 다 했고, 새 시대에는 새 생각이 필요하다.

이 책의 원서는 1922년에 나왔다. 올해가 출간 100주년이다. 지난 100년은 헌 시대에서 새 시대로 전환되는 시기였다. 이 전환 과정에서 헌 시대의 헌 생각에 젖어 있는 사람들이 새 생각을 비웃었다. '뭐? 노력 없이 상상만 하면 된다고? 노력하기 싫은 자들이 좋아할 환상이네.'라고 했다. 인정한다. 나는 노력하기 싫어한다. 하지만 어떤 것을 사랑하는 데 필요한 일이라면 평생 처음 해 보는 일조차도 불철주야로 석 달 동안 행복하게 할 수 있다. 이 사랑에 행운과 사람과 돈이 끌려오는 경험을 사실 평생 여러 번 했다. 사랑이 '새 생각'의 핵심인 줄 몰랐을 뿐이다.

한 가지 더. 이 책에서 거듭 "'영'의 인도를 요청하라."고 하는데, 환청이라도 들리는 게 아니라면 과연 어떻게 인도받아야 할까. 사랑스러워 보이는 어떤 것이 불쑥 나타날 때가 있다. 그것이 나의 현재 상황과 상관없이 몇 년이 지나도 사랑스러운가? 그렇다면 그것은 '영'의 인도를 받아 나타난 것이다. 용기를 내어 그것을 사랑하는 데 필요한 일에 뛰어들기만 하면 된다. 그런 뒤 그 일을 행복하게 하는 가운데 어쩌면 긴 시간이 흐를 수도 있다. 하지만 그것의 실물 없이 긴 시간을 지낼 수는 없다면 나는 애초에 그것을 사랑한 것이 아니다. 욕망했을 뿐이다.

우리는 행복하기 위해 성공을 원한다. 사랑하기에 이미 행복하다면, 이미 성공한 것이다. 이 성공이 실물을 끌어당긴다.


2022년 봄

역자를 대표하여, 박찬준

## 용어 설명

1. 원문의 Spirit, Life와 같이 첫 글자가 대문자로 표기된
   말들은 신과 동격의 의미로, 번역문에서는 '영', '생명'
   '지고'와 같이 작은따옴표로 강조되어 있다.
2. 원문에서 creative mind는 창조적인 개인의 마음이 아니라
   신과 동격인 '마음'이다. 따라서 원문의 mind가 creative
   mind를 가리키는 경우에는 '마음'으로 표기했다.
3. 그밖에 원어를 알아 둘 만한 용어들은 다음과 같다.

| | | | |
|---|---|---|---|
| 힘 | power | 영 | spirit |
| 공급 | supply | 인상 | impression |
| 시현 | expression | 좋은, 선한 | good |
| 끌어들이다, 끌리다 | attract | 지고의, 지고한 | supreme |
| 끌어당기다, 끌리다 | draw | 체현하다 | embody |
| 구현하다 | demonstrate | 한계, 제약 | limitation |
| 분위기 | atmosphere | 현실로 나타나게 하다 | manifest |
| 상황 | condition | 확언하다 | affirm |
| 선언하다 | declare | 활동, 활기, 활동성 | activity |
| 신적인, 신성한 | divine | 알다, 알아보다, 확신하다 | know |
| 실감하다, 실현하다 | realize | | |

1부

# 설명

## INSTRUCTION

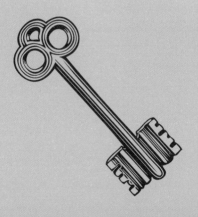

# 1

# 진실 탐구

**AN INQUIRY INTO THE TRUTH**

'진실' 탐구란 인간이 목격하고 경험하는 일들의
원인을 탐구하는 것이다. 이에 대한 고찰의 출발점은
언제나 우리 스스로의 경험이어야 한다.


모두 알다시피 생명은 정말로 존재하는 것이다. 생명이
존재하지 않는다면 우리는 자신이 존재한다고 생각하는
것조차 불가능하다. 하지만 우리는 생각하고 말하고

느끼는 것이 가능하니, 우리도 분명 존재한다. 우리는
생명이 있고 자신의 생명을 의식한다. 그러므로
우리 자신도, 생명도 분명 존재하는 것이다.


우리가 생명이자 (스스로를 인식하는) 의식이라면,
우리는 생명이자 의식인 것에서 나왔음이 틀림없다.
이제 이 단순한 사실에서 출발하자. *생명은*
*존재하는 것이며, 생명은 의식이 있는 것이다.*


생명의 본질은 무엇일까? 육체적일까, 정신적일까,
물질적일까, 영적일까? 한갓 사적인 견해에서
벗어나 논리에 맞게 곰곰이 생각해 보면
처음에는 너무 거대해서 어지러워 보이던
이 의문의 일부를 깨끗하게 해소할 수 있으리라.


존재하는 것 가운데 생명이라 부를 수 있는
것은 얼마나 될까? 답은 다음과 같을 수밖에

없다. 존재하는 모든 것이 생명이다. 보고 듣고
느끼는 모든 것, 어떤 식으로든 우리가 경험하는
모든 것이 생겨난 까닭이 바로 생명이다.


무(無)에서 어떤 것이 생겨날 수는 없다. 무에서
생겨날 것은 무밖에 없기 때문이다. 따라서 어떤
것이 실제로 존재한다는 사실은 그것이 무가 아닌
것, 즉 존재하는 모든 것에서 생겨났음을 뜻한다.


*생명은 존재하는 모든 것이다. 우리 자신을
포함하여 모든 것은 생명에서 나온다.*


그렇다면 다음 의문이 떠오른다. 어떻게 생명에서
사물이 나올까? 어떻게 보이지 않는 것에서 보이는
것이 나올까? 우리가 보는 사물은 눈에 보이므로 분명
현실이다. 현실이 아니라고 하면 보이는 사물을 설명할
수 없으며, 사물에 대한 의문의 답을 찾을 수도 없다.

'신'의 작품은 환상의 세계가 아니라 신성한
현실의 세계다. 보이는 사물이 환상이라는
설명은 '진실'일 수가 없다. '진실'은 보이는
사물이 무엇인지를 설명할 수 있어야 한다.


우리가 살아가면서 경험하는 의식과
상황(condition)*은 그 수준이 서로 다르다.
삶과 경험이 왜 그리 다른지 이해할 때 비로소
우리는 '진실'에 대해 조금이나마 알게 된다.


예수는 사물이 환상이라고 하지 않았다. 다만 보이는
대로 판단해서는 안 되며, 공정하고 정확하게 판단해야
한다고 했다. 사물의 겉모습 뒤에 무엇이 숨겨져
있는지, 즉 무엇이 그 원인인지 알아내야 한다는

---

* 이 책에서 'condition'은 '(생활이나 작업 등의) 환경이나 상황'을 뜻하는 주요 용어다. '어
떤 일이나 현상 따위가 이루어지거나 처해 있는 일정한 때의 모습이나 형편'을 가리키
는 '상황'이 저자가 말하는 'condition'과 좀 더 어울린다고 보았다. ㅡ옮긴이

뜻이다. 그러므로 앞으로는 스스로를 속여서는 안
되며, 지금껏 우리를 속여 온 것도 믿어서는 안 된다.


우리는 현실 세계에서 살고 있다. 무엇을 경험하든 그
경험만큼은 현실이며, 생명을 더욱 깊이 이해했더라면
우리는 불쾌한 경험을 피할 수 있었을지도 모른다.

# 2

# 생명이란 무엇인가

**WHAT LIFE IS**

대체 생명이란 무엇일까? 생명은 우리가 보거나
듣거나 만지거나 맛보는 것들이자 그런 것들이
생겨나는 까닭이다. 생명을 알고 있다는 것은
생명과 접촉했다는 의미다. 생명이 무엇인지
모른다면 그런 경험을 할 수 없었을 것이다.

태초에 신 또는 생명이 존재했다. 이 존재하는

생명에서 존재하는 모든 것이 만들어진다. 그러므로
생명은 만물을 통해 흐르는 것이 분명하다. 생명
없는 물질 같은 것은 존재하지 않는다. 또한 생명은
하나뿐이어서, 생명은 생명으로만 변화할 수 있다.
모든 형태는 이 통일체(unity)가 취하는 형태이며, 어떤
내적 활동을 통해 나타났다가 사라짐이 틀림없다.
생명 또는 자연의 내적 활동은 자기 의식(self-consciousness)이나 자기 인식(self-knowing)이 취하는
형태임에 틀림없다. 이 내적 인식 혹은 의식을
**생각(thought)**이라고 부르면 이해가 더 쉬울 것이다.
'영(Spirit)', '생명(Life)', 또는 '신(God)'은 자기 인지(self-recognition)나 자기 인식, 즉 우리가 생각이라고 부르는
것을 통해 '신 자신'으로부터 사물을 만들어 낸다.


'신'은 모든 것이기에 세상 그 무엇도 '그'가 바라는
일을 막지 못한다. 그러므로 "사물은 어떻게
존재하게 되는가?"라는 물음에 대한 답은 '신'이
'그 자신'으로부터 만들어 낸다는 것이다.

'신'이 무언가를 생각하거나 알아보면 그 무언가가 '신
자신'으로부터 나타나 '신 자신'을 재료로 만들어진다.
이 밖에는 우리가 보는 사물을 달리 설명할 길이 없다.
이 설명을 이해의 출발점으로 삼을 때 비로소 사물은
물질적이지 않고 영적인 것임을 이해할 수 있다.

# 3

# 창조에서 인간이 하는 역할

**MAN'S PLACE IN CREATION**

그렇다면 인간의 역할은 무엇일까? 인간은

존재한다. 그러므로 인간 또한 신으로부터

만들어진다. '신' 혹은 '영'이 모든 것이기 때문이다.

인간은 신으로부터 만들어졌기에 '그분'의

본성을 공유할 수밖에 없다. 우리는 "그분의

모습대로 창조"되기 때문이다.(창세기 1:27)

인간은 '신' 안에 있는, '신'의 중심이다. '신'이
우주 속에 존재한다면 인간은 개인적(individual)
세계 속에 존재한다. '신'과 인간은 범위가
다를 뿐 질적으로 다르지 않다. 인간은 스스로
만들어지지 않았다. '신'으로 만들어졌다.


'신'이 왜 그렇게 했을까, 하는 의문이 떠오를 수도 있다.
하지만 이 의문에 답할 수 있는 인간은 없다.
그 답은 '아버지'만이 안다. 우리가 가정해 볼 수 있는
것은 신이 인간을 만들어 신과 함께 살고, 신과 함께
즐기고, '아버지'와 하나가 되도록 했다는 것이다.


이 점을 매우 깊이 느낀 사람들이 그에 상응하는 영적
힘을 지니고 있다는 사실에서 우리는 '신'이 정말
인간을 동반자로서 만들었다고 추측해 볼 수 있다.


인간이 개인(individual)이라면 '신'은 우주다. "아버지

속에 생명이 있는 것처럼, 아버지께서는 아들에게도 생명을 주어 그 속에 있게 하셨다."(요한 5:26) 인간의 마음은 '신'의 마음으로 만들어졌기 때문에 그 인간이 현재 혹은 미래에 어떤 사람이든 '신성한' 본성을 공유할 수밖에 없으며, 현재와 미래의 모든 소유물에도 '신성한' 본성이 깃들 수밖에 없다.

인간이 그렇게 만든 것이 아니라 원래 그런 것이므로, 이 사실을 받아들이고 그 신성한 본성으로 무엇을 할 수 있는지 알아내야 한다. '신'이 우주에 발휘할 수 있는 힘을 인간도 개인의 삶에 발휘할 수 있다는 사실을 깨닫고 자신의 힘을 사용하는 법을 배우면, 모든 속박으로부터 자유로워질 수 있다.

신이 '그분의 우주'를 지배하듯 인간도 자기 개인의 세계를 지배할 수 있지만 인간은 항상 자신보다 큰 법칙과 생명에 종속된다. 법칙의

귀결을 깨달은 사람은 그전까지 살고 있다고
여겼던 세계와는 딴판인 곳에서 살게 되기 때문에
법칙을 따르는 수밖에 다른 도리가 없다.

신은 물리 법칙으로 지배하지 않는다. 물리 법칙은
결과일 뿐이다. 신이 먼저 내적 앎(knowing)으로
다스리면 물리적 결과가 따라온다.

인간도 마찬가지로 생각의 힘이라 부를 수밖에
없는 과정을 통해 자기 세계를 지배한다.

인간 내면의 생명은 '아버지'와 하나다. 분리는 있을
수 없다. 오직 생명만이 존재하기에 그 무엇도 인간을
신에게서 갈라놓을 수 없다는 자명한 이유 때문이다.

분리란 둘 사이에 다른 무엇이 놓여 있음을

뜻한다. 그러나 '신' 아닌 것은 존재하지 않기에,
'신'과 인간의 합일은 영원히 확고하다.

"아버지와 나는 하나다."(요한 10:30) 생명을 눈에 보이는
상황의 관점으로만 보지 않고 실상 그대로를 알아차렸던
한 위대한 영혼이 이런 간결한 진술을 남겼다.

인간도 '신'과 동일한 생명을 가지고 있다는
사실을 출발점으로 삼으면, 인간도 동일한
창조 과정을 사용한다는 결론에 도달한다.

모든 것은 하나이며, 동일한 근원에서 나왔다가
그곳으로 돌아간다. "우리가 보고 있는 것들은 보이지
않는 어떤 것으로 만들어졌다."(히브리서 11:3) 보이는
것은 보이지 않는 것에서 나온다. 이 말이 눈에 보이는
우주 전체를 설명하며, 그 밖에 달리 설명할 길은 없다.

'신'의 생각이 곳곳의 세계를 만들어 온갖
생명체로 채우듯, 우리의 생각은 우리의 세계를
만들어 우리가 겪는 온갖 경험으로 채운다.


생각의 활동으로 갖가지 사물이 우리 삶에 등장하지만,
이때 제약이 따르는 것은 우리가 '진실'을 모르기
때문이다. 우리는 외부 사물이 우리를 지배한다고
생각해 왔다. 하지만 우리를 속박에서 해방하고 만사를
변화시킬 수 있는 것이 항상 우리 안에 있었다.


그렇다면 자연히 이런 의문이 떠오른다. 신은 왜
인간을 창조하여 *자유인이 되게 하였는가?*


신이 우리를 창조해서 우리의 의지와 상관없는
일을 하거나 원치 않는 무언가가 되도록 강요할
참이었다면 우리는 개인(individuals)이 아닌
자동인형이 되었어야 한다. 하지만 알다시피 우리는

개인이므로 신이 우리를 개인으로 만들었다는
것도 알 수 있다. 그럼 이제 그 이유를 알아보자.


시대를 통틀어 가장 위대한 '진실'에 눈을 뜨자. 그러면
'진실'이 모든 의문을 해소해 줄 것이다. 온갖 일이
어째서 그러한지를 납득하게 될 것이다. '진실'에 눈
뜬 자는 신이 주신 힘을 사용해서 일하고 생각하고
살아갈 수 있음을 알기에, 위대한 법칙이 자신을
통해 작동하는 것을 결코 방해하지 않을 것이다.


이 힘을 명확하게 지각하여 크게 실감(realization)하면,
우리는 내면에 신이 우리를 통해 작동할 출발점을
마련하게 된다. 그러면 '신'과 분리되어 있다는
느낌이 사라지고 그 자리에 '신'과 하나라는
신성한 확신이 들어서면서, 육체적·정신적·경제적
고통에서 완전히 벗어나 자유를 찾게 될 것이다.

'신'이 우주에 발휘할 수 있는 힘을

인간도 개인의 삶에 발휘할 수 있다는 사실을 깨닫고

자신의 힘을 사용하는 법을 배우면

모든 속박으로부터 자유로워질 수 있다.

# 4

# 이해의 시작

**THE BEGINNING OF UNDERSTANDING**

인간은 '신'이 준 위대한 선물인 생명이 내면에 있음을
이제 막 깨닫기 시작했다. 인간에게 정말 생명이 있다면,
그 생명의 본질이 신의 생명과 같다면, 그리고 인간이
하나의 개인이며 그런 개인성의 요건인 자율 선택권이
인간에게 있다면, 인간은 자신의 생명으로 원하는
일을 할 수 있다는 결론이 나온다. 다시 말해 인간은
자신이 바라는 바를 신에게서 만들어 낼 수 있다.

인간에겐 자유가 있지만, 이 자유는 법칙을
따르며 절대로 법칙과 어긋나지 않는다. 인간은
법칙에 복종해야 한다. 불복종하면 법칙이
법칙대로 작용해서 인간을 벌하기 마련이다.


이는 바꿀 수 없기에 받아들일 수밖에 없는
사실이다. 개인의 자유는 자기 생명의 법칙을
이해하고, 준수하며, 건강, 행복, 성공에 이르기
위해 법칙을 사용하는 데서 나온다.


법칙은 온 자연에 적용되어 보이는 것과
보이지 않는 것 전부를 지배한다. 법칙은
육체적이거나 물질적이지 않으며 정신적이고
영적이다. 법칙은 '신'이 작용하는 방식이다.


'신'의 유일한 충동은 사랑이어서, 청하는 모든 이에게
'자신'을 그냥 내주고 그 무엇도 거절하지 않는 위대한

'영'이다. '신'은 모든 의미에서 우리의 '아버지'이며

모두를 똑같이 지켜보고, 보살피고, 사랑한다.

모든 것이 사랑이기는 하지만, 혼돈 상태에

있지 않도록 하기 위해 법칙의 지배를 받는다.

그리고 적어도 우리에게 이 법칙은 언제나

정신적이다.*(this law is always mental.)*

# 5

# 상황은 생각에 지배된다

OUR CONDITIONS GOVERNED BY OUR THINKING

보통 사람이라도 마음이 어떻게 몸의 기능을 제어하는지,
그리고 어느 정도는 몸을 아예 지배하기까지 하는지
쉽게 이해할 수 있다. 거기에서 더 나아가 몸을 전적으로
지배하는 것이 의식이라는 사실을 깨달은 이들도 있다.
하지만 이 사실을 어렵지 않게 이해한 사람이라고 해도
어떻게 생각이 상황을 지배하는지, 어떻게 성공과 실패
여부를 미리 결정하는지 깨닫기란 쉽지 않은 일이다.

여기서 잠시 멈춰 질문을 던져 보자. 상황이 생각에 지배되지 않는다면 과연 무엇에 지배될까? 환경에 지배된다고 대답하는 사람도 있을 것이다. 하지만 환경이란 무엇일까? 원인일까 아니면 결과일까?

당연히 환경은 언제나 결과다. 우리가 보고 있는 모든 것은 결과다. 결과는 원인에 따라오는 것이니 우리는 원인 제공(causation)의 수준에서 접근해야 한다. 결과가 다른 결과를 결정하는 것이 아니다. 결과를 결정하는 것은 마음이다. 마음이 원인 제공자다.

이 말을 납득하지 못하겠다면 처음부터 다시 살펴보고, 눈에 보이는 모든 것의 이면에 보이지 않는 원인이 있음을 깨달으라. 내 삶에서는 *내가* 원인이다. 마음 외에는 그 무엇도 존재하지 않으며, 마음이 움직이게끔 하지 않으면 그 무엇도 움직이지 않는다.

앞에서 우리는 신은 사랑이지만 우리의 삶은
전적으로 마음 또는 법칙에 의해 지배된다는
데 동의했다. 우리가 삶에서 겪는 상황에서는
우리가 원인이며, 우리의 마음이 움직이게끔
하지 않으면 그 무엇도 움직이지 않는다.

마음의 활동이 곧 생각이다. 우리가 항상 활동하는
것은 우리가 항상 생각하기 때문이다. 매 순간
우리는 사물을 끌어당기거나 밀쳐낸다. 평범한
사람들은 이 과정을 의식하지 못하겠지만, 법칙을
모른다고 해서 그 귀결을 면할 수 있는 건 아니다.

이렇게 반문할 사람이 있을지도 모르겠다. "아니, 내가
실패를 생각했단 말입니까? 아니면 아예 실패하고
싶다는 생각을 했다는 겁니까?" 물론 그렇지는 않다.
바보가 아닌 이상 그런 생각은 하지 않을 것이다.

하지만 부인할 수 없는 법칙에 따르면, 실패를
불러올 수도 있는 무언가를 생각했던 것이 분명하다.
실패할지도 모른다고 생각했다거나 마음에
실패가 끼어들 여지를 주었을 가능성이 있다.

사물이 존재하는 까닭을 되짚어 보면, 우리를 에워싼
마음 또는 법칙이 우리가 생각하는 모든 것을 현실로
나타내서(manifest) 우리에게 되돌려 주고 있음을 알게
될 것이다. 이것이 사실이 아니면 인간은 개인이 아니게
된다. 개인성이란 곧 원하는 생각을 하는 능력이다.

생각이 우리 삶에 영향을 미친다면, 생각을 현실로
나타내는 무언가가 존재해야 마땅하다. 어떤 이들은
무지 때문에 법칙의 제약과 구속을 받기도 한다. 이
법칙을 '카르마(업보)'라 하는데, 카르마의 법칙은
무지한 이를 구속하고 현명한 이를 자유롭게 한다

우리는 마음 안에 산다. 마음은 우리가 생각해서 '마음'에
넣은 것만을 돌려준다. 우리가 어떤 행동을 하든 법칙은
언제나 적용된다. 가난하고 쪼들린다고 생각하면 마음은
우리가 생각해서 '마음'에 넣은 바를 돌려줄 수밖에 없다.

처음에는 실감하기 어려울 수 있지만, 진실을 찾는 자는
법칙이 달리 작용할 길이 없다는 진실을 알게 될 것이다.
우리가 생각하는 것은 모두 도면이며 '마음'은 시공자다.

이 법칙을 깨닫고 예수 그리스도는 이렇게 말했다.
"너희의 믿음대로 너희에게 이루어진다."(마태 9:29)
이 위대한 '길잡이(Way Shower)'의 말씀이 무슨
뜻인지는 명백하다. "너희에게 이루어진다."고 했다.
이 얼마나 놀라운 생각인가. "너희에게 이루어진다."
걱정할 필요가 없다. "너희에게 이루어진다."

진정한 영적 생각의 힘을 완전히 이해한 예수

그리스도는 생명의 기운으로부터 빵을 이끌어
냈고, '진실'을 알면 그 앎을 통해 자유를 얻을
수 있다는 사실을 만인 앞에서 증명했다.

# 6

# 무의식적 창조

**UNCONSCIOUS CREATION**

커다란 물혹으로 괴로워하던 여성 환자가
있었다. 환자는 수술로 혹 속의 물을 20킬로그램
이상 빼냈지만, 며칠도 안 되어 혹이 다시
생겨났다. 그 혹은 대체 어디에서 나왔을까?

먹거나 마셔서 생긴 것은 아니었다. 몸무게가 증가한
것으로 보아 몸의 다른 부위에서 옮겨 왔다고도 할

수 없었다. 환자가 공기 중에서 어떤 성분을 취해
만들어 냈다고밖에 볼 수 없었다. 물혹은 틀림없이
보이지 않는 물질로부터 생겨났을 것이다. 볼 수 없는
것에서 무언가가 나타났다. 이른바 '창조'도 이와
동일하다. 보이지 않는 것에서 보이는 것이 나타난다.
이런 현상이 창조가 아니라면 무엇이겠는가?

이처럼 놀라운 일들이 매일 일어난다. 이 사실을
부인해서는 안 되며 설명을 찾기 위해 노력하려는
자세가 필요하다.* 이 환자의 경우에는 분명 생각의
활동이 형태로 빚어져 나왔을 것이다. 그렇지 않다면
어떻게 물혹이 생겨났겠는가? 원인 없이는 그 무엇도
현실로 나타나지 않는다. 연구에 의하면 신체적
조건이든 환경이든 모든 상황의 이면에는 상황을

---

* 저자가 든 사례는 기존 물리 법칙으로는 설명이 안 되는 '초상 현상(paranormal phenomenon)'의 범주에 들어간다. 설명이 안 되지만 결코 착각이나 사기극으로 치부할 수도 없는 기이한 현상들이 명백히 존재한다는 것이 관련 연구자들의 주장이다. ㅡ옮긴이

초래하는 의식적이거나 무의식적인 생각이 있다. 이 환자의 경우 물혹에 대한 생각이 의식적인 건 아니었다.

그러나 창조는 매 순간 이루어진다. 우리는 이 점을 깨닫고 창조의 제어법을 익혀, 원하는 바는 창조되고 원치 않는 바는 창조되지 않게 해야 한다. 성경에 다음 구절이 나온다는 게 놀랍지 않은가? "네 모든 소유를 바쳐 이해(understanding)를 얻으라."(잠언 4:7)

예수는 이 전부를 이해했기에 숨을 쉬거나 음식을 소화시키듯 쉬이 기적을 행사했다. 예수는 *이해했다는* 것, 그게 전부다. 사람들은 편견 없는 의식을 통해 법칙을 이해하고 사용한 예수를 '신'이라 믿었다. 오늘날에도 사람들은 진기한 일이 생기면 기적이 일어났다고 생각한다.

예수는 '신'이 아니었다. 예수는 '신'이 현실로 나타난

모습이었다. 그리고 우리 모두가 그러하다. "너희는
신들이며, 지극히 높은 분의 아들들이다."(시편 82:6)

이런 점을 모두 고려할 줄 아는 지혜로운 사람은
창조란 영적으로 시작하여, 정신적 법칙을 통해, 물질적
현실로 나타내는 것임을 인정할 수밖에 없을 것이다.

사실 인간이 직접 창조하지는 않는다. 이미 존재하는
창조의 힘을 사용할 뿐이다. 상대적으로 말하자면,
인간의 삶에서는 인간 자신이 창조의 힘이다.
생각한 바를 현실로 나타내는 힘이 있는 무언가가
존재하여 인간의 생각이 나아가는 대로 따라간다.

지금껏 인간은 아무것도 모르고 이런 창조의 힘을
사용한 탓에 별의별 상황을 다 불러들였다. 하지만
오늘날에는 수많은 이들이 의식적이고 건설적인
방식으로 이 위대한 법칙을 활용하기 시작했다.

이 책에서는 다양한 명칭과 종파와 교단이 있는
'새 생각(New Thought)' 운동의 위대한 비밀을
소개하고자 한다. 진면모를 감추는 곳도 있지만
모두가 같은 법칙을 활용한다. 어느 곳에서 찾아냈든
진실은 진실로 인정하려는 마음 자세가 필요하다.


설탕 그릇이 아닌 곳에서 설탕을 보면 그건
설탕이 아닌 다른 것이 분명하다고 여기는
사람들이 많아서 문제다. 이럴 때 우리는
원리를 찾는 대신 옹졸한 편견을 고수한다.

사람에 대해서는 동정해도,

그의 곤경이나

한계나 빈곤에 대해서는

절대 동정하지 말라.

자신의 곤경을 고집스레

부둥켜안고 있는 사람은

세상의 자선금을 다

동원하더라도 도울 수 없다.

# 7

# 첫걸음

**FIRST STEPS**

맨 먼저 깨달을 사실은 모든 생각이 어떠한
예외도 없이 현실로 나타난다는 점이다. 그렇지
않다면 우리는 지금 하는 생각이 현실을 창조할
생각인지 아닌지 무슨 수로 알겠는가?

'마음'은 반드시 모든 생각을 현실로 되돌려
준다. 흙이 지닌 창조의 힘이 모든 씨앗을

받아들여 곧바로 작업을 시작하듯, '마음'은 모든
생각을 받아들여 곧바로 작업을 시작한다.

이와 같이 우리는 모든 생각이 우리의 삶과 상황에
얼마간 영향을 미친다는 사실을 안다. 우리는 생각이
지닌 창조의 힘으로 각자의 환경을 만들어 간다. '신'이
우리를 그렇게 창조하였으므로 그러지 않을 도리가 없다.

법칙을 더욱 깊이 이해하여 법칙에 맞도록
생활하고 생각하면, 바라는 바를 정확히 경험
속에 불러올 수 있게 된다. 원치 않는 경험은 모두
놓아 버리고 원하는 경험만 끌어들이게 된다.

모든 사람은 생각의 분위기(thought atmos
phere)에 둘러싸여 있다. 이 정신적 분위기는
생각의 직접적인 결과인데, 이것은 다시 우리 삶에
생기는 일의 직접적인 원인이 된다. 분위기의 힘을

통해 우리는 사물을 끌어당기거나 밀어낸다.

유유상종이라고 하듯이 우리는 내면의 자아상과
똑 닮은 것을 자신에게 끌어들인다. 또한 이전
경험보다 훌륭한 것을 끌어당기려면 자신의
바람(desire)에 어울리는 분위기부터 구현한다.

모든 상점, 모든 장소, 모든 사람, 모든 것에는
고유의 정신적 분위기가 있다. 이 분위기가 무엇을
끌어당길지 결정한다. 예를 들어, 성공한 사람 주변에
실패의 분위기가 감도는 일은 있을 수 없다.

성공하는 사람은 성공에 대해 생각한다.
성공하는 사람은 미묘한 무언가로 가득 차
있으시, 히는 일미디 그 미묘한 것이 스며들어
자신감과 강인함에 찬 분위기를 자아낸다.

어떤 이들과 함께 있을 때면 우리는 불가능한 일이
없을 것처럼 느낀다. 그런 사람과 함께 있으면 사기가
오른다. 큰일을 해낼 열정이 생긴다. 흔들림 없는
강인함과 자신감을 느낀다. 강인하고 품위 있는 큰
인물과 함께 있을 때 우리가 느끼는 힘은 정말 대단하다.

이렇게 좋은 영향을 주는 사람이 있는 반면,
함께 있으면 우울해지고 기운이 처지고 인생이
버겁게 느껴지도록 만드는 사람이 있는
이유가 무엇일지 생각해 본 적 있는가?

전자는 긍정적이고 후자는 부정적이다.
육체적인 면에서는 두 부류가 전혀 다를 바
없지만 전자에겐 후자에게 없는 정신적이고
영적인 힘이 있다. 그러한 힘이 없다면 한
개인은 작은 일 외에는 엄두도 낼 수 없다.

두 유형 중 누가 더 좋은가? 누구와 어울리고 싶은가? 우울하게 만드는 쪽은 물론 아닐 것이다. 그런 사람은 이미 주변에 많이 있을 테니. 그와는 반대로, 우리에게 각자의 가치를 일깨워 주는 사람은 어떤가? 그런 이가 바로 우리가 언제든 의지할 사람이다. 그런 사람 곁에서 목소리라도 들으려고 서둘러 가다 보면 도착하기도 전에 우리에게 다가오는 어떤 힘을 느낄 때가 있다.

끌어당기는 힘이 그토록 놀라운 사람에게 친구가 부족할 리 있을까? 일자리가 아쉬울 리 있을까? 아마 그런 사람은 그를 원하는 자리가 너무 많아서 어디를 택할지 가늠하고 있을 것이다. 그는 성공한 사람이 될 필요가 없다. 그 자신이 *이미* 성공한 사람이니까.

실패나 한계, 빈곤에 대한 생각은 부정적이니 한순간도 우리 삶에 들어놓아선 안 된다. 이렇게 말한 사람도 있을 것이다. "가난한 사람들은 어찌합니까? 그들은 어떻게 할 겁니까? 그들을 도와주지 않고 내버려 두어야 합니까?"
아니다, 절대로 아니다. 모든 인간에게 있는 힘이
그들에게도 똑같이 있다. 다만 잠에서 깨어나 생명의
실상을 깨닫지 못하는 한 그들은 계속 가난할 것이다.


이제껏 어떤 자선으로도 가난을 없애지 못했으며
앞으로도 그럴 것이다. 자선으로 가난을 없앨 수 있다면
진작 그렇게 되었을 것이다. 할 수 없기에 못한 것이다.
가난한 사람에게는 자선을 베풀기보다 성공하는
법을 알려 주는 것이 천배 더 도움 되는 일이다.


툭하면 큰일 날 거라고 아우성치는 사람들의 말은
귀담아들을 필요 없다. 그러는 게 좋다면 그러라고
내버려 두라. '신'은 우리에게 힘을 주었고 우리는 그
힘을 사용해야 한다. 법칙이 옳다는 사실을 증명해
보이는 것이 그 어떤 자선보다 세상 구원에 도움이 된다.

세상에는 다 쓰지도 못할 만큼 많은 돈과 물자가
있다. 세상에서 활용되는 부는 극히 일부에 불과하다.
발명하고 발견하는 이들이 매일 세상의 부를
늘리고 있다. 이들이야말로 현실적인 사람들이다.
하지만 하늘이 내린 온갖 선물과 풍요가 넘치는
가운데, 매일 끼니를 구걸하는 사람도 있다.


그런 사람은 그런 상황을 불러들인 것이 자기 자신임을
깨달아야 한다. 자신을 둘러싼 환경에 대해 신이나
악마나 다른 사람을 탓하는 대신 문제의 진실을
추구할 줄 알아야 한다. 나아가 남을 탓하는 사람들은
자기들끼리 알아서 살도록 내버려 둬야 한다.


우리는 믿고자 하는 모든 이에게 인간의 진정한
본성을 알려 주어야 한다. 모든 한계를 극복하는
법을 일러 주어야 한다. 용기를 주어야 한다. 길을
보여 주어야 한다. 상대가 믿으려 하지 않고 그

길을 가지 않는다 해도 그것은 우리 잘못이 아니다.
최선을 다했다면 우리는 우리의 길을 가야 한다.


사람에 대해서는 동정해도, 그의 곤경이나 한계나
빈곤에 대해서는 절대 동정하지 말라. 자신의
곤경을 고집스레 부둥켜안고 있는 사람은 세상의
자선금을 다 동원하더라도 도울 수 없다.


'신'은 모든 것의 이면에 있는 보이지 않는 힘이며,
우리가 적절한 통로를 제공하는 순간 기다렸다는
듯이 시현(示現, expression)된다는 점을 잊지
말라. 적절한 통로란 육체의 눈에는 보이지
않지만 영원히 존재하는 어떤 것들이 하늘에
있다는 사실을 받아들여 긍정하는 믿음이다.


모든 것은 마음이며, 우리는 수용적인 통로를 마음에
제공하고 있는 것이 분명하다. 마음이 우리를 통해

외부에 시현되어 우리가 겪는 일이 되기 때문이다.


가령 세상의 여론이 우리의 생각을 지배하게 놔두면
그 여론이 우리의 현실로 나타난다. 반대로 세상에
초연해지면 우리가 새 현실을 만들 것이다.


명심하라. 사람들은 모두 무언가를 현실로
나타내지만 대부분 그들이 원치 않는 것들을
현실로 나타낸다. 현재 지닌 지각의 힘으로
만들 수 있는 것들만 현실로 나타낸다.

# 8

# 강인해지는 법

**HOW TO ATTAIN STRENGTH**

매사에 바른 마음 자세로 임하고 용기와 강인한 힘으로
무장해 나약한 생각은 모두 날려 버리자. 나약한 생각이
조금이라도 들면 이렇게 자문하라. 생명이 나약한가?

생명은 나약하지 않으며 '신'은 좌절시킬 수 없다.
그렇다면 우리는 나약하지 않고, 과거에 나약했던 적도
없으며, 앞으로도 나약할 일이 없다. 이런 마음가짐

앞에 허약하고 풀 죽은 생각이 남아날 수 있을까?

남아날 수 없다! 생명은 강인하며, 그 '무한(Infinite)'의
강인함에 힘입어 우리도 강인하다. 이 사실
외에는 전부 잊고 강인함을 만끽하라. 우리 모두는
강인하며 "나는 강인하다."고 선언할 자격이 있다.

우리는 지금껏 착각에 빠져 있었지만 이제는 벗어났다.
이제 우리는 알고 있기에 그 법칙을 긍정적으로
사용한다. "아버지와 나는 하나다."(요한 10:30) 이 말씀은
약한 자에게 힘이며, 믿는 자 모두에게 생명이다.

끌어당기는 힘(the drawing power of attraction)으로
충만해지면 불가항력을 발휘할 수 있다. 자신이
어떤 힘을 다루고 있는지 아는 이는 무엇이든
끌어당길 수 있다. 그 힘은 그 자체로부터
모든 것을 창조하고, 그 자체 속에서 만물을

움직이는 동시에 제자리에 있게 한다.

나는 '무한한 마음(Infinite Mind)'과 하나다. 이
말이 매일 몇 번이고 마음 안에서 메아리치게
하여, 보고자 하는 눈높이까지 이르라.

자신이 적절한 정신적 분위기를 창조해서 원하는
것을 끌어들이고 있는지 확인해 보고 싶다면, 보고
싶지 않은 것이 현실로 나타나게 창조하고 있지는
않은지 먼저 생각을 잘 지켜보아야 한다. 다시
말해, 우리는 원하는 경험만을 생각해야 한다.

모든 것은 마음이며, 마음은 우리가 생각한 것만을
되돌려 준다. 우연히 발생하는 일은 절대 없다.
법칙이 모든 생명을 지배하기에 모든 인간도 법칙에
지배된다. 그러나 이제 우리는 스스로 법칙을
작동할 수 있다. 생각의 힘으로 할 수 있다.

우리는 각자가 만든 세계 안에 산다. 그러므로
현실로 나타나기 원하는 것만을 말하고 생각해야
한다. 어떤 종류의 한계에 대해서도 듣거나,
생각하거나, 말하거나, 읽지 말아야 한다.


두 갈래의 생각을 해 놓고 하나의 결과를 얻을 수
있는 길은 세상 어디에도 없다. 불가능하다. 그렇게
안 된다는 사실을 빨리 깨달을수록 빨리 성공한다.


잘못된 상상을 할까 봐 생각하길 두려워해야
한다는 뜻은 아니지만, 대부분 사람들이 생각하는
방식으로는 실패를 낳을 수밖에 없다. 성공한
사람이 그토록 적은 것도 그 때문이다.


성공할 사람은 과거의 실수에 여여해하지 않는다.
자신과 타인 삶 속의 과거를 용서한다. 실수를
저지르더라도 그 실수를 용서한다. 그런 사람은 자기가

조금이라도 선한(good) 것을 바라는 한 우주 속의
어떤 것도 반대하지 않는다는 사실을 알게 된다.


'신'은 그 누구도, 그 무엇도 비난하지 않는다.
그런데 인간은 모든 사람과 일들을 비난한다.


'신'은 '자신'의 힘과 다른 이의 힘을 비교하며
사물을 만들지 않는다. '신'은 말하면 그대로 된다는
사실을 안다. 우리가 신의 본성을 띠고 있다면,
분명 우리도 신이 아는 사실을 똑같이 안다.


"나는 내 운명의 주인이며, 내 영혼의 선장이다."(윌리엄
어니스트 헨리의 시, 「인빅터스(Invictus)」)

# 9

# 우리가 끌어들이는 것

**WHAT WE WILL ATTRACT**

우리는 항상 생각에 걸맞은 무언가를 삶과 상황에
끌어들인다. 사물이란 내면의 정신적 개념이
외부의 현실로 나타난 것에 불과하다. 생각은 힘인
동시에 만물의 형태다. 우리가 끌어들이는 상황은
정신적 그림(mental pictures)과 정확히 일치한다.

그래서 성공한 사업가는 필연적으로 마음에 행복한

생각을 품는다. 그런 생각은 우울한 기운 대신 쾌활한 기운을 일으키기에 그에게서는 환희가 뿜어져 나오고 그의 마음은 확신과 희망, 기대로 가득 차 있다. 이렇게 쾌활하고 희망에 찬 마음가짐은 진정으로 이루고 싶은 바가 있는 사람이라면 없어서는 안 되는 것이다.

마음에서 모든 부정적인 생각을 영원히, 확실하게 밀어내라. 자유를 선언하라. 다른 사람들은 어떻게 생각하고 말하고 행동하든 이제 우리는 성공한 사람이며, 우리에게 도움되는(good) 일의 성취를 방해할 수 있는 것은 아무것도 없음을 알라.

우주의 모든 힘이 우리와 함께한다. 그렇게 느끼고, 그렇게 알고, 정말 그런 듯이 행동하라.

이 같은 마음가짐을 갖추기만 하면 사람과 사물이 우리에게 끌려올 것이다.

모든 잘못된 신념, 한계나 빈곤이나 궁핍에 관한 모든
생각을 차례로 지워 없애는 일을 시작하라. '신'이
부여한 놀라운 의지의 힘을 사용하라. 실패에 대한
생각이나 자신의 힘에 대한 의심을 물리치라. 경험하고
싶은 것만 바라보고 그 외의 것에는 눈 돌리지 말라.


낡은 생각이 다시 찾아오더라도 거기에 어떤
영향력도 없다는 사실을 알고 몇 번이고 그런 생각을
깨부수라. 그런 생각을 똑바로 응시하며 물러나라고
명하라. 낡은 생각은 우리 것이 아니다. 우리는 이제
자유롭다. 그 사실을 깨닫고 자유를 고수하라.


자신이 어떤 힘을 다루고 있는지 아는 사람답게
그 믿음 속에 우뚝 서서 나는 '무한한 마음'과 하나라고
선언하라. 이 '유일한 마음'에서 벗어날 수 없다는
사실을 알라. 우리가 이럴 기든 우리 곁에서는
온 우주의 힘이 우리에게 쓰이길 기다린다.

이 사실을 깨닫고 나면, 유일한 힘과 하나일 때

우리는 그 무엇보다 큰 존재임을, 우리에게 일어날 수

있는 어떤 일보다도 큰 존재임을 알게 될 것이다.

# 10

# 끌어당기는 힘에 대해
# 더 알아야 할 것

**MORE ABOUT THE POWER OF ATTRACTION**

'영(Spirit)'은 그 자체로부터 사물을 만들어 낸다는 점을
언제나 잊지 말라. '영'은 되고자 의도한 것이 됨으로써
우리 눈에 보이는 세상에 현실로 나타난다. 개인의
세상에서도 같은 과정이 일어난다. 인간은 창조의
힘을 부여받았지만 그 힘을 사용하려면 정해진 방법을
따라야 한다. '신'이 '자신의 생각'으로 사물을 만들어
현실로 나타낸다면 우리도 같은 방법을 써야 한다.

무언가를 끌어당기려면 먼저 정신적으로 그것이
된 후 그 상태를 아무런 의심 없이 현실로 느껴야
한다. 창조하는 마음에 일정하게 흘러드는 의식의
흐름은 일정한 상황이 현실로 나타나도록 끌어당긴다.
오락가락하는 의식의 흐름은 그에 걸맞은 현실이나
상황을 삶에 끌어들인다. 그러니 한결같은 마음가짐을
지니고 절대 흔들려서는 안 된다. 야고보는 말했다.
"오직 믿음으로 구하고 조금도 의심하지 말라. 의심하는
자는 바람에 요동치는 바다 물결과도 같다. 이런 자는
주께 무엇이든 얻기를 기대하지 말라."(야고보 1:6~7)


우리는 모두 각자의 생각이 일으킨 기운(aura) 속에 잠겨
있다. 이 기운은 우리가 말하고 생각하고 행동한 모든
것에서 나온 직접적인 결과다. 이 기운이 삶에서 벌어질
일을 결정한다. 이 기운은 자기와 닮은 것을 끌어당기고
닮지 않은 것을 밀어낸다. 우리는 정신적으로 구현한
바에 끌린다. 사고의 내적 과정은 대부분 무의식적으로
벌어진다. 그러나 법칙을 이해한다면 원하는 바를

의식적으로 구현해야 한다. 그리고 그것만 생각하고
있으면 우리는 부지불식간에 그것에 끌린다.


우리는 이 법칙을 손에 쥔 연장처럼 뜻대로 쓸 수 있다.
옛 방식을 놓아 버리고 새 방식을 선택해야만 비로소
원하는 바를 끌어당길 수 있다. 이야말로 만사를 제치고
해야 할 일이다. 나약한 자는 절대 이 일을 할 수 없다.
강인하고 독립적인 영혼만이 할 수 있다. 그리고 그
결말은 노력한 만큼의 가치가 있다. 생각을 한 점으로
모아 유지할 수 있는 사람이 가장 좋은 결실을 얻는다.


그렇다고 부담감을 느끼거나 힘들여 노력할 필요는 없다.
부담감은 오히려 금물이다. 유일한 힘 외에는 아무것도
존재하지 않는다는 앎을 얻으면 분투할 일이 없어진다.
그리고 평온 속에서 우리의 앎만이 '진실'임을 알게 된다.
이는 현실이 생각하는 바와 완전히 달리 보일지라도
원하는 생각을 끈질기고 굳건하게 유지하겠다는 결심을

의미한다. 우리는 보이는 것이 아니라 보이지 않는 것에 의지한다. 이 점을 깨달은 이스라엘 왕은 다가오는 적의 무리를 보며 이렇게 말했다. "이 큰 무리를 대적할 능력이 없사오나, 오직 주만 바라보나이다."(역대기하 20:12) 여기서 "주"가 바로 '유일한 힘(One Power)'이다.

# 11

# 친구 끌어들이는 법

**HOW TO ATTRACT FRIENDS**

상대가 어떤 사람이든 모든 이를 사랑하는 법을 배운
사람은 많은 사람을 만나 그 사랑을 되돌려받는다.
이는 단순한 의견이나 종교적 마음가짐 이상이다. 이는
우리가 주목해야 할 심오한 과학적 사실이다. 그 이유는
이렇다. 모든 것은 마음이고 우리는 스스로 이미 되어
있는 바를 끌어당기므로 사랑하는 법을 배우기 전까지는
사랑의 진동을 내보낼 수 없다. 그리고 사랑의 진동을
내보내기 전까지는 사랑을 되돌려받을 수 없다.

그러므로 가장 먼저 할 일은 모든 사람을 사랑하는
법을 배우는 것이다. 아직 그렇지 못하다면 지금 당장
시작하라. 무릇 어떤 사람이든 단점보다는 장점이 많은
법이며, 장점은 보려고 할수록 더욱 드러나는 법이다.
사랑은 세상에서 가장 강력한 치유의 힘이자 끌어당기는
힘이다. 사랑은 우리가 존재하는 이유다. 그렇기에 모든
사람은 사랑할 사물이나 사랑할 사람이 있어야 한다.


사랑하지 않는 삶은 살아 있지 않다. 죽어 있다. 사랑은
창조를 일으키는 유일한 충동이다. 삶을 이끌어 가는
가장 큰 동기가 사랑이 아닌 사람은 진정한 창조 본능을
개발했다고 할 수 없다. 사랑 없이는 그 누구도 우주로
뻗어 나갈 수 없다. 온 우주가 사랑에 바탕하기 때문이다.


친구가 없음을 알게 되었다면 지금 당장 사랑과
애정이 가득 담긴 생각을 온 세상에 내보내라. 그
생각이, 같은 것을 원하는 누군가의 열망을 만나 어떤

식으로든 두 생각이 서로를 끌어당길 것임을 알라.

누군가를 비정상으로 여기는 생각을 물리치라. 그런 식의 생각은 몰이해를 낳아, 있던 친구도 잃게 만들 뿐이다. 온 세상이 친구라 생각하라. 그러려면 우리 자신부터 온 세상의 친구가 되어야 한다. 이런 식의 단순한 실천만으로도 친구들을 수없이 끌어당겨, 그들과 다 어울릴 시간이 모자랄 정도가 될 것이다.

어떤 사람에 대해서든 부정적인 면은 보려고 하지 말라. 오해하지도 오해받지도 말라. 병적인 관심도 버리라. 모두들 우리가 최고의 친구를 얻기 바란다고 확신하라. 어딜 가든 이를 확언하라. 그러면 어느새 상황이 우리의 바람대로 될 것이다.

뭇사람을 진정으로 사랑하는 이가 창조하는 분위기는 실로 강력해서 다른 단점이 많더라도 세상은 여전히

그를 사랑할 것이다. "많이 사랑하는 자는 많이
용서받는다."(누가 7:47) 사람들은 진정한 인간적 관심을
갈망하기에 다 잘될 거라 말해 주는 이에게 목숨도
바친다. 다음 중 어떤 사람이 더 좋은가? 언제나 골치
아픈 일이 한가득하며 남 탓만 하는 사람? 아니면
세상을 친구로 보고 사랑하는 사람? 물어볼 필요도
없는 질문이다. 우리는 당연히 사랑하고, 사랑받으며,
모두 용서하는 사람과 함께 하고 싶어 한다.


우리가 누군가를 비정상이라고 여기는 것은 단지 그
사람이 나와 똑같이 생각하지 않기 때문이다. 이러한
쩨쩨하고 옹졸한 태도를 극복하고 거시적으로
상황을 보아야 한다. 겉으로 보이는 것에 개의치 않고
보고픈 것을 바라보는 사람에게는, 내면에서 그렇게
충직하게 바라본 것을 외부에서 경험할 날이 온다.


숭고한 이유 없이 이기적 동기만으로 흠을 잡거나

미워해서는 안 되며, 살아 있는 어떤 영혼에 대해서도 반대하는 마음을 품어서는 안 된다. 신은 사랑이어서, 사랑이 아닌 자의 기도는 듣지 못한다. 사랑과 협력이야말로 세상에서 가장 위대한 사업 원리임을 알게 되는 때가 올 것이다. "신은 사랑이시다."(요한 4:8)

우리는 모든 사람, 모든 생명과 하나 될 것이다. 우리가 굳게 지키는 신의 사랑과 우리 안의 신이 하나라고 확언할 것이다.

지금 내가 세상에 대해 느끼는 크나큰 사랑은 신의 사랑이다. 이 사랑을 모두가 느끼며 모두가 되돌려 준다. 나와 세상 사이에 끼어들 것은 아무것도 없다. 끼어들 것은 사랑뿐이기 때문이다. 내가 모든 이를 이해하면 그 이해는 모든 이에게 반사되어 나에게 다시 온다. 나는 돕는다, 고로 나는 도움 받는다. 나는 행복을 준다, 고로 나는 행복을 얻는다.

그 무엇도 나 자신에 대한 이 완벽한 그림, 나와
세상과의 관계에 대한 이 완벽한 그림을 훼손하지
못한다. 이는 진실, 완전한 진실이자 단순한 진실이기
때문이다. 나는 최고의 사랑, 최고의 우정, 최고의 동료애,
최고의 건강, 최고의 행복, 최고의 성공에 둘러싸여
있다. 나는 생명과 하나다. '위대한 영'이 이 메시지를
온 세계에 전하는 동안, 나는 고요히 기다린다.

상대가 어떤 사람이든

모든 이를 사랑하는 법을 배운 사람은

많은 사람을 만나

그 사랑을 되돌려 받는다.

이는 단순한 의견이나

종교적 마음가짐 이상이다.

# 12

# 생각의 제어

**THE CONTROL OF THOUGHT**

자기 생각을 제어할 수 있는 사람은 바라는 대로 가질
수 있고 행할 수 있다. 청하기만 하면 모든 것이 그의
것이다. 다만 무엇을 얻든 쓰기 위한 것이지 쥐고 있기
위한 것이 아님을 기억해야 한다. 창조의 물결은 늘
흘러 지나가는 것이지만 우리는 쓸 수 있는 만큼만 퍼서
가질 수 있다. 그 이상 가지면 고여서 썩을 수 있다.

어떤 사람, 어떤 물건에 대해서든 아쉬워하는
생각을 모두 버려야 한다. '위대한 생명의 원리'가
우리를 위해 창조하는 속도는 우리가 사용하는
속도를 능가한다. 우주는 고갈되지 않는다. 한계가
없다. 우주는 제약도, 한계도 모른다. 원하는 바를
이루거나 가질 때 우리가 의지하는 것은 바람에
흔들리는 갈대가 아니라 *생명 자체의* 원리다.


생명의 원리는 *상당한 힘(some power)*이나 *대단한*
*힘(great power)*이 아니다. 다시 확언컨대, 이는
'모든 힘(ALL POWER)'이다. 우리가 할 일은 어떤
일이 벌어지든 단 한 순간의 흔들림도 없이 이
사실을 믿고 정말 그런 듯 행동하는 것뿐이다.


이렇게 하다 보면 어느새 일이 척척 잘 풀린다.
뭇사람의 평화를 깨며 지독히 노력하지 않아도 잘
풀린다. 그래서 우리는 '신의 마음(Divine Mind)' 안에는

어떤 실패도 존재하지 않으며 이 '마음(Mind)'이
곧 우리가 의존하는 '힘(Power)'임을 확신한다.


하지만 '신의 마음'에 의지한다고 해서 우리 몫의 할
일이 없다고 생각해서는 안 된다. 우리가 허용하기만
하면 '신'은 우리를 통해 일할 것이지만, 그러자면
우리는 확신에 차 있는 듯이 활동해야 한다. 즉 우리가
할 일은 믿는 것, 그리고 믿음 속에서 활동하는 것이다.


예수는 죽은 나사로를 살리기 위해 무덤으로 가면서
신이 자신을 통해 일하고 있음을 믿고 있었으며,
알고 있었다. 우리도 어딘가에 가거나 무언가 해야
할 때가 많다. 그럴 때 우리는 누구도 부인할 수
없는 힘이 우리와 함께할 것임을 깊은 확신을 통해
알고 있어야 한다. 이렇듯 든든한 구석이 있다고
생각하면 우리에겐 행동하는 일만 남는다.

우주의 창조하는 힘이 응답하리라는 점에는 의심의
여지가 없다. 창조하는 힘은 언제나 응답한다. 그러므로
걱정은 접어 두고 다음처럼 해야 한다. "감사부터
드림으로써 청이 있음을 알리라."(빌립보서 4:6)


"너희가 기도하고, 구한 모든 것은 받은 줄로
믿어라. 그러면 이루어질 것이다."(마가 11:24)라는
말로 예수 그리스도는 그가 보기에는 너무나
분명하지만, 우리는 이제 막 깨닫기 시작한 심오한
진실 가운데 한 가지를 밝혔다. 만물은 마음으로
만드는 것이어서, 어떤 이에게 긍정적인 받아들임의
자세가 없다면 그에게는 마음을 부어 형태를 만들
거푸집도 없는 것이라는 사실을 예수는 알고 있었다.


'신'의 마음속에는 정확한 거푸집, 즉 진정한 확신이
있지만 인간의 마음속에는 그런 진정한 확신이
항상 있지는 않다. 신이 우리를 *위해* 일하려면

우리를 통해 일할 수밖에 없기 때문에 우리가
긍정적으로 받아들이지 않으면 어떤 일도 이루어지지
못한다. 우리는 법칙의 존재와 그 작용 방식을
명확히 이해할 때 비로소 법칙을 내적으로 완전히
받아들일 수 있다. 이렇게 함으로써 우리는 '영'이
일을 하여 우리에게 선물을 줄 수 있게 한다.


감사부터 드림으로써 청이 있음을 알리는 이유는
무얼까? 청한 대로 받을 것임을 이미 확신하는
사람이라면 감사하는 마음 또한 들 수밖에 없기
때문이다. 이렇듯 '영'에게 감사하는 마음가짐이
있으면 우리는 힘과 아주 가까이 접촉하게 되어 당면한
현실에 큰 도움을 받는다. 감사하는 마음가짐이 없으면
조금밖에 이루지 못한다. 그러니 최대한 감사하는
마음을 기르자. 감사하는 마음으로 생각을 세상으로
내보내면 생각은 '영'의 결실을 가득 안고 돌아온다.

# 13

# 분위기 창조

**CREATING ATMOSPHERE**

모든 것은 마음이며 모든 일은 법칙이 지배한다.

이 사실을 깨달은 사람은 이런 생각을 하게 될 것이다.

자신의 생각으로 자신을 위해 창조할 수 있다는 것,

또는 이미 그렇게 해 왔다는 것. 이런 사람이 창조하는

성공의 정신적 분위기는 너무나 강력해 그 끌어당기는

힘은 저항할 수 없는 것이 된다. 그런 사람은 세상에

두루 자신의 생각을 내보내 원하는 무엇이든 갖고

돌아오게 할 수 있다. 사업장을 성공의 힘으로 채워

그 힘으로 거리에 상관없이 끌어당길 수 있다. 생각은 항상 우리가 내보낸 바를 가져온다. 그러므로 먼저 우리는 생각에서 모든 불신을 없애야 한다. 이 책은 믿는 사람들을 위해 쓰였다. 그리고 진정으로 믿는 사람은 이 책의 이야기가 삶에서 실현될 것이다.

정신적 명료함이 있어야 진정한 창조 작업도 이루어질 수 있다. 그릇에 부은 물이 물의 양만큼만 차오르듯이 '마음'은 우리가 애초에 믿고 있는 만큼만 되돌려 준다. 우리는 늘, 원하는 만큼이 아니라 믿는 만큼 얻는다. 우리의 생각은 우리의 내적 확신에 꼭 들어맞는 외적 형태의 상황에 도달하는 힘이 있다.

우리는 생각으로 창조의 힘을 작동한다. 힘의 작동은 우리의 생각대로 이루어진다. 우리가 '마음'에 아이디어를 던져 넣으면 '마음'은 우리를 위해 그 아이디어대로 창조하여 우리의 인생 경로에 놓아 준다.

그러니 마음을 최고의 친구로 여기라. 어디서든 '마음'은
늘 우리와 함께한다. '마음'은 결코 우리를 저버리지
않는다. 우리는 결코 혼자가 아니다. 의심도 없고
두려움도 없고 놀람도 없다. 대신에 우리는 알고 있다.


우리는 우주에 존재하는 유일한 힘을 사용할 것이다.
우리는 명확한 목적을 위해 그 힘을 사용할 것이다.
우리는 이미 생각 속에 그 목적을 못박았으니, 이제
그것을 드러내어 말할 것이다. 우리는 우리 자신을
위해 그것을 말한다. 우리는 선한 것만 바라기에 선한
것만 우리에게 다가올 수 있음을 안다. 생명과 하나
되었으니 이제 생명이 우리의 일을 도울 것이다.


우리는 방 안에 성공의 분위기를 갖출 것이고,
그러면 분위기는 저항할 수 없는 힘이 되어 앞을
가로막는 모든 것을 쓸어버릴 것이다. 이 힘은
'하나(One)'의 위대함과 '전능함(All-Mightiness)'을

실현하는 것이기 때문이다. 우리는 확신에 차서
그 일이 정말로 벌어질지 확인할 필요도 느끼지
못할 것이다. 그저 우리는 '알고 있다.(KNOW)'


이제 우리는 차분하고 완전한 믿음 속에 '무한한
생명'과 하나가 된 말을 한다. 말은 받아들여지는
즉시 그에 대해 작업이 이루어지도록 되어 있다.
도면이 완전하므로 결과도 완전하다. 우리는 바라는
바에 둘러싸인 스스로를 본다. 나아가 우리는 우리가
바라는 그것이다. 우리의 말은 이제 그것을 영원히
확립한다. 그것을 보고, 느끼고, 확신하라. 우리는 이제
완전한 삶, 무한한 활기, 최대한의 힘, 최상의 안내에
둘러싸여 있다. '영'의 힘이 모든 사람을 우리에게
끌어당기고, 도움되는 모든 것을 우리에게 공급하고,
생명과 진실과 사랑으로 우리를 가득 채운다.


내면의 힘이 일을 맡고 있는 동안 완벽한

침묵 속에 기다리라. 그러면 우리에게 그 일이 이루어졌음을 알게 될 것이다. 이 말로부터 '무한'의 힘이 나온다. "내가 너희에게 한 말은 성령의 말씀이고 생명의 말씀이다."(요한 6:63)

# 14

# 말의 힘

**THE POWER OF WORDS**

인간이 '창조하는 마음'에게 말을 꺼내면 그 말은
시현의 힘을 부여받는다. "네 말에 근거하여
네가 의롭다고 판정 받을 수도 있고 죄가 있다고
판정받을 수도 있다."(마태 12:37) 말에는 우리가
불어넣는 만큼의 힘이 있다. 말의 힘은 노력이나
분투가 아닌 절대적 확신과 믿음에서 나온다.

우리의 말은 자기가 무슨 일을 하고 있으며 정확히 어떻게 해야 하는지 아는 어린 심부름꾼과도 같다. 우리는 곧 지능(intelligence)이어서 우리가 말을 하면 말에 지능이 들어가고, 그러면 우리의 말은 '우주의 마음'이 지닌 더 큰 지능의 뒷받침을 받아, 말한 바를 다스리는 법칙이 된다. 이 사실을 예수는 훨씬 명확하게 이해했다. 실로 예수는 이를 전적으로 믿었기에 이렇게 말했다. "하늘과 땅이 없어질지라도, 내 말은 결코 없어지지 않고 반드시 다 이루어질 것이다."(마태 24;35, 5:18)

따라서 우리의 말은 '절대 지능', '힘'과 불가분의 관계다. 어떤 말에 힘이 있다는 것은 곧 모든 말에 힘이 있음을 뜻하기 때문이다. 신념의 정도에 따라 어떤 말에는 더 큰 힘이 있지만, 모든 말은 나름의 힘이 있다. 그러므로 자신이 무슨 말을 하고 있는지 참으로 주의 깊게 살펴야 한다.

이 모든 사실은 우리가 진정 '무한한 마음'과 하나이며 우리의 말에 생명의 힘이 있음을 보여 준다. 말은 늘 우리와 함께하며 떨어져 있는 법이 없다. 말은 우리 입안에 있다. 말할 때마다 우리는 힘을 사용한다.

우리는 '마음' 안에서 온 우주와 하나다. 우리는 모두 이 '마음' 안에서 진정한 힘과 영원토록 하나가 된다. 이 진실을 알고도 활용하지 않는다면 순전히 우리 잘못이다. 이 '마음', 맥동하는 이 거대한 생명, 모든 것을 보고, 모든 것을 아는 존재가 우리를 둘러싸고 있음을 느껴야 한다. 우리 곁에 있는 이 존재의 엄청난 힘과 생명을 느꼈다면 이제 우리가 할 일은 그것에다 말을 꺼내는 것, 자신의 근원을 발견한 영혼으로서 긍정적 확신을 다해 말하는 것뿐이다. 그리고 무엇보다 두려워하지 말라. 그러면 믿은 대로 이루어질 것이다.

참으로 놀라운 힘, 참으로 새로운 삶, 참으로 새로운

시현의 힘이 진정으로 믿는 사람들을 기다리고 있다. 인간이 존재의 진정한 실상을 깨닫게 되면 이루지 못할 일이 있을까? 인류의 진정한 삶은 아직 시작되지 않았지만 때가 임박했다. 수많은 사람들이 이 위대한 힘을 이미 활용하고 있으며 수많은 사람들이 새 시대를 학수고대하고 있다.

# 15

# 신념이 필요한 이유

**WHY BELIEF IS NECESSARY**

기도할 때는 언제나 믿어야 한다. 기도는 신에게
무엇을 요청하는 것이 아니라 필요한 걸 이미 갖고
있다고 믿는 것이다. 앞서 이야기했듯이 이렇게
기정 사실로 믿는 것이 필요한 이유는, 모든 것이
마음이어서 우리가 먼저 전적으로 받아들여야 거푸집이
만들어지고 거기에 마음이 그 자신을 부어 현실로
나타날 수 있기 때문이다. 진정으로 창조적인 일을
하려면 이런 긍정적인 신념이 전적으로 필요하다.

그런 믿음이 아직 없다면 이제부터라도 키워야 한다.


모든 것은 법칙이며, 인과의 법칙이 삶 전체에
적용되고 있다. 마음이 원인이고, 우리가 물질이라고
하는 것, 즉 눈에 보이는 것은 결과이다. 담겨 있는
모양대로 물이 얼듯, '마음'은 우리의 생각이 취하는
형태대로 굳는다. 생각은 형태다. 각 개인은 형태를
제공할 뿐 결코 창조하거나 현실로 나타내지는
못한다. 즉 혼자서는 못 하고, 우리 개개인을 위해 그
모든 일을 해 주는 무언가가 존재한다. 개인이 하는
일은 그 힘을 사용하는 것뿐이다. 힘은 늘 가까이서
대기하다가 우리가 말을 하면 즉시 눈에 보이는 형태로
시현된다. 그러나 우리 대부분이 제공하는 거푸집은
매우 부실한 데다 우리가 너무 빨리 바꾸기 때문에
차라리 활동사진(motion picture)이라 할 만하다.


우리에게는 이미 힘이 있다. 이 힘은 '지고(至高, the

Most High)'이신 신이 자신의 '유한한 시현(Finite Expression)'인 우리에게 준 선물이다. 그러나 우리가 힘을 쓸 줄 모르는 탓에 잘못된 형태를 창조하면, 마음은 우리가 생각해서 자기에게 넣은 형태대로 결과를 내놓는다. 이런 인과 법칙에서 우리는 절대 벗어날 수 없다. 처음에는 어렵게 여겨지더라도 이해하고 나면 이 법칙이 절대적으로 공정한 것이며, 이 법칙이 있기에 진정한 독자적 행동과 개인적 삶도 존재할 수 있음을 알게 될 것이다. 우리의 신성한 개인성 덕택에 신조차도 우리가 먼저 '신'과 '신의 법칙'을 알아보길 기다려야만 한다.


사업이 잘 되려면 자신의 평소 생각이 가져올 결과가 기꺼이 받아들일 만한 것인지 헤아려 보고, 원하는 결과를 가져올 생각만 품어야 한다. 좌절과 혼란에 대한 생각은 절대 품지 말고 긍정적인 확신, 성공과 '신성한' 활기에 대한 확고한 생각, 신과 함께라면 무엇이든 될 수 있다는 느낌, '위대한 마음'과 '하나'라는 신념만을 품어야 한다. 이런 것이 성공에 도움되는 생각이다.


우리가 유일무이한 힘을 다루고 있음을 깨달으면
더욱 명료하게 생각할 수 있다. 경쟁이나 대립,
실패로 곤란할 일이 없다. 오로지 생명만이 존재하며
생명은 우리가 청하거나 바라거나 생각하는
모든 것을 끊임없이 우리에게 주기 때문이다.


이제 우리는 생각을 한 점에 모으는 것이 얼마나
중요한지 알 수 있다. 항상 원하는 바만을 생각해야 하며
마음이 다른 것을 되새기게 놔두면 안 된다.
이렇게 할 때 '영'이 우리를 통해 일한다.

# 16

## 실수하기 쉬운 부분

**WHERE SO MANY FAIL**

평범한 사람들은 사업에 법칙을 적용하려다 도리어
피해야 할 일을 무의식적으로 행하곤 한다. 그런 후
어째서 바라던 결과를 얻지 못하는지 의아하게
여긴다. 사람들은 대부분 그냥 앉아서 무언가를
바라거나 간절히 원하기만 한다. 큰 바람이나
희망을 품기도 한다. 어떤 사람은 바라는 일이
자신에게 이루어지리라 믿는 단계까지 나아가기도
한다. 여기까지는 다 좋으나, 아직 충분치 않다.

이미 받았다는 태도를 반드시 갖춰야 한다. 처음에는
어려워 보이겠지만 그런 태도가 왜 필요한지는
쉽게 알 수 있다. 그것이 '마음'이 작용하는
유일한 방식이므로 반드시 그렇게 해야 한다.


힘이 존재하고, 마음이 존재하고, 생명이 존재한다.
그러나 이 힘과 마음과 생명이 우리 삶에 시현되려면
우리를 통해 흘러야 한다. 우리는 지금 법칙을 다루고
있다. 그래서 우리가 먼저 자연에 순종해야 자연이
우리를 위해 일한다. 이 법칙은 '신'의 다른 법칙들과
마찬가지로 자연법칙이라는 사실을 깨달아야 한다.
그리고 전기의 법칙을 활용할 때처럼 방법을 알고
사용해야 한다. 그러면 바라던 결과를 얻을 것이다.
우리가 생각의 형태를 제공하면 거기에 신적인 에너지가
감돌면서 생각의 실현에 필요한 상황을 끌어들인다.


법칙을 적용할 때 우리가 할 일은 이것이 전부이지만,

그러자면 먼저 마음에서 일체의 두려움, '신의 마음'에서
분리되어 있다는 일체의 느낌을 없애야 한다.


법칙은 존재한다. 다만 우리는 각자 삶 속에서 그 법칙을
집행하거나 사용해야 한다. 어떤 일이 일어나려면,
먼저 그것이 우리의 의식에 받아들여져 믿고 있는
바라야 한다. 자신의 내면에서 어떤 일이 벌어지고
있는지 언제나 자각할 수는 없더라도, 연습할수록
생각을 더욱 잘 제어할 수 있게 되어 결국에는 어떤
상황에서도 원하는 생각을 할 수 있게 된다.


모든 사람의 내면에는 법칙을 알고 활용할
수 있는 능력이 있지만 그 능력은 의식적으로
개발해야 하는 것이다. 능력을 개발하는
방법은 연습하고, 기꺼이 배우고, 그리고
배워서 아는 바를 기꺼이 활용하는 것이다.

가장 큰 힘이 있는 사람은 '신의 현존(Divine Presence)'을 가장 크게 깨달은 사람이며, 그에게는 법칙 활용이 가장 중요한 활동 원칙이다.

우리에게 더욱 필요한 것은 강인함이지 요행을 바라는 나약함이 아니다. 무언가가 우리가 인지하기만을 기다렸다가 갑자기 나타나 우주의 모든 힘을 동원하는데, 이러한 일은 요행이 아니기 때문이다.

# 17

# 상상력 사용하기

**USING THE IMAGINATION**

이렇게 상상해 보자. 우리가 마음에 둘러싸여 있는데,
이 마음은 가소성과 수용성이 뛰어나 우리의 생각이
남기는 지극히 미약한 인상도 그대로 받아들인다.
우리가 어떤 생각을 하든 마음은 그대로 받아들여
우리를 위해 집행한다. 모든 생각이 받아들여지며
그에 따라 집행이 이루어진다. 일부 생각이 아니라
모든 생각이 그렇게 된다. 우리가 어떤 도면을
제공하든 그것은 현실로 나타난다. 가난하다는

생각에서 벗어나지 못하는 사람은 계속 가난하다. 생각
속에서 부유해진 사람은 머지않아 부를 시현한다.


이는 그냥 말이 아니다. 인류가 깨달을 수 있는 가장
심오한 진실이다. 이 시대의 가장 생각 깊고 가장
영적인 사람들이 수도 없이 이 진실을 실증하고 있다.
우리는 환상이 아닌 현실을 다루고 있다. 이 발상을
조롱하는 사람들에게는 더 이상 신경 쓸 것 없다.
그들은 우리를 스쳐가는 바람만큼도 중요하지 않다.


영혼의 중심부에서 자신이 되고 싶은 바, 이루고
싶은 일을 선택하라. 그리고 간직하라. 날마다 절대적
확신의 침묵 속에서 그 일이 이제 이루어졌다고
확신하라. 앞으로 우리가 외부 현실에서 경험하는
만큼 그 일은 우리에게 이루어진 것이다.


되고 싶은 대로 되어 있는 자신의 모습을 상상하라.

바라는 것만을 바라보고 그 외의 것에 대해서는
생각하지도 말라. 생각을 굳게 지키고, 절대
의심하지 말라. "나는 그것이다.(I am that thing.)"라고
매일 몇 번이고 말하며 그것이 의미하는 바를
실감하라. 그것은 바로 '마음'이 지닌 위대한
'우주적' 힘이며 이 힘은 실패하는 법이 없다.

# 18

# 선택할 권리

**MAN'S RIGHT OF CHOICE**

인간은 개인으로 창조되었고, 개인이기에 인간은
선택할 수 있는 힘이 있다. '영'에게 안내를 청했으니
더 이상 자신은 행동하거나 선택할 필요가 없다고
생각하는 사람이 많은 듯하다. 많은 교사들이 그렇게
가르치지만 그런 가르침은 우리의 개인성과 모순된다.
선택할 수 있는 힘이라는 특권이 없다면 우리는
개인으로 존재하지도 않을 것이다. 우리가 정말로
배워야 할 것은 '영'이 선택하려면 우리를 통해야

한다는 사실이다. '영'의 선택이 일어나면 그것이
우리가 하는 행동이 된다. 우리가 "난 선택하지
않을 거야."라고 말한다 해도 우리는 여전히 선택을
하고 있다. 선택하지 않겠다는 선택 말이다.


삶은 한 걸음 한 걸음이 선택의 연속이며, 우리는
그렇게 살도록 창조되었다는 사실을 회피할
수 없다. 우리에게 정말 필요한 일은 옳다고
느끼는 선택을 하고, 우리가 무엇을 선택하든
우주는 거절하지 않을 것임을 아는 것이다.


우리가 선택하면 '마음'이 창조한다. 항상 생명을 더 크게
시현할 선택을 하도록 혼신의 노력을 다해야 하며, '영'이
언제나 우리를 통해 사랑과 아름다움을 시현하려 한다는
점을 잊지 말아야 한다. 그렇게 하는 것에 익숙해져
위대한 창조의 힘과 조화롭게 임하게 되면, '힘'이 기꺼이
우리를 위해 일해 준다는 사실을 의심하지 않게 된다.

우리는 각자 바라는 바가 무엇인지 정확히 알고서
완벽한 정신적 그림을 그려야 한다. 이제 그것을
갖고 있음을 전적으로 믿고, 그 믿음을 부인하는
어떠한 말이나 행동도 해서는 안 된다.

# 19

# 많은 나이와 기회

**OLD AGE AND OPPORTUNITY**

사람들을 괴롭히는 오류 중 하나는 자신이 어떤 일을
하기에 나이가 너무 많다는 생각이다. 이런 생각은
생명의 참모습을 이해하지 못하는 데서 나온다. 생명은
햇수가 아닌 의식이다. 일흔 살인 사람은 갓 스무 살인
사람보다 현실로 나타내는 능력이 낮게 마련이다.
나이가 많을수록 생각도 고도화되기 때문이다. 그리고
중요한 것은 주어진 조건이 아니라 생각이다.

아멜리아 바(Amelia Barr)가 소설을 쓰기 시작한 건
쉰세 살부터였다. 그 이후 80권 이상을 집필했고 모두
높은 판매고를 기록했다. 메리 베이커 에디(Mary Baker
Eddy)는 예순 살에 '크리스천 사이언스'를 창설하고
세상을 떠날 때까지 왕성하게 활동하며 만사를 돌봤다.

예순이 넘어 이제는 성공하기엔 너무 늦었다고 생각하던
남자에게 1년 동안 원리를 가르쳐 성공한 사업가로
변신시킨 적이 있다. 현재 그는 잘 되고 있고 그 어느
때보다도 행복하게 지내고 있다. 마지막으로 만났을
때 그는 사업이 날로 번창하고 있지만 아직 시작에
불과하다고 말했다. 그는 날마다 가게 안에 서서 가게
분위기를 더욱 활기차게 해 달라고 '영'에게 청한다.
이렇게 말함으로써 계속 매상이 올라가게 한다.

이 같은 일이 사실이 아니라면 삶은 살아갈 가치가
없을 것이다. 영원 속에서 몇 년이 무슨 의미가 있을까?

우리는 나이와 경쟁에 대한 그릇된 관념을 극복해야
한다. '진실' 속에 경쟁이라는 단어는 없다. 경쟁에
대해 생각하는 사람은 '진실'을 전혀 모르는 것이다.


삶은 내면으로부터 만드는 것이지 외부에서 만드는
것이 아니다. 우리가 지구상에서 얼마나 오래
살았든 나이는 스스로 생각하는 만큼만 먹는다.

# 20

# 사업 성공을 현실로 나타내기

**DEMONSTRATING SUCCESS IN BUSINESS**

현실로 나타내는 일은 모두 우리 내면에서 일어난다.
창조는 만물을 통해 끊임없이 진행되고 있다. 법칙은
항상 내면의 도면에 따라 작용한다. 우리는 상황과
싸우는 대신 상황을 창조하는 원리를 사용해야
한다. 정신적으로 품을 수 있는 일은 해낼 수 있는
일이다. 아무리 어려워 보여도 상관없다.

현실로 나타내는 일은 모두

우리 내면에서 일어난다.

창조는 만물을 통해

끊임없이 진행되고 있다.

법칙은 항상 내면의 도면에 따라 작용한다.

우리는 상황과 싸우는 대신

상황을 창조하는 원리를 사용해야 한다.

정신적으로 품을 수 있는 일은

해낼 수 있는 일이다.

아무리 어려워 보여도 상관없다.

외부의 모든 사물은 내적 사고 활동의 겉테두리일 뿐이다. 이 사실은 쉽게 확인할 수 있다. 예를 들어 아이스크림 장사를 하는데 매출이 신통치 않아 고민 중인 남자가 있다. 이 남자의 생각을 주의 깊게 들여다보자. 들여다보니 아이스크림 장사는 잘 되는 사업이 아니라는 믿음이 자리 잡고 있다. 남자는 활기도 느끼지 못하고 있다. 생각 속에 성공의 예감이라고는 전혀 없다. 많은 손님을 기대하지도 않는다.

누군가 남자에게 다가가 이런 질문을 한다. "무슨 문제가 있는 겁니까? 매출이 이렇게 낮은 원인이 뭐라고 생각하십니까?" 그 남자는 이렇게 대답할 것이다. "사람들이 내가 파는 아이스크림을 좋아하지 않나 봅니다." 아니면 이런 대답을 할 수도 있다. "내가 늙어서 최신 유행하는 것들과 경쟁이 안 됩니다." 또 이런 대답을 할 수도 있다. "경기가 안 좋아서요." 모두 부정적인 생각이다.

질문을 던진 이는 남자의 말을 전혀 믿지 않는다.
그는 원인 제공이 물질이 아닌 마음 안에서
이루어지는 일임을 알고 있다. "모든 것은 당신의
마음속에 존재합니다. 당신의 문제는 스스로
성공한 사람이라고 느끼지 못하는 데 있습니다."


남자는 전에도 비슷한 말을 들어 본 적이 있다. 그래서
상대가 이상한 말을 하고 있다고 생각하면서도
무슨 뜻에서 하는 말이냐고 되물었다. 이번만은
무슨 짓이든 해서 사업을 꼭 성공시키고 말겠다는
생각으로 그 뜻을 설명해 달라고 청했다.


그가 이야기를 시작한다. "모든 것은 '마음'입니다.
모든 것은 '마음'에 의해서만 움직여집니다. 그리고
우리는 이 '마음'의 중심입니다." 남자는 그게 사업과
무슨 상관이 있는지 잘 이해가 안 되지만 그는
말을 계속 이어 간다. "사업이 성공할지 실패할지

결정하는 것은 우리 각자의 생각입니다."

남자는 이 대목에서 발끈하여 자신이 실패하고
싶어 한다는 말이냐고 따진다. 물론 그는 남자가
실패를 원하지 않음을 알고 있기에 이렇게
설명한다. "당신은 성공을 원하긴 하지만 실패에
대해 생각하고 실패를 두려워하기도 합니다. 그런데
그런 당신의 생각까지 곧바로 실현하려 드는 법칙이
있습니다. 실현해도 되냐고 묻지도 않고 말이죠."

흥미가 생긴 남자는 어떻게 그리 되는지 묻는다.
그가 남자에게 되묻는다. "만물은 어떻게 존재하게
되었을까요?" 남자는 잠시 생각에 잠겼다가 다음
같은 깨달음을 얻는다. 생명 외에는 아무 것도
존재하지 않았던 때가 있었다. 그렇다면 그 이후에
존재하게 된 모든 것은 그 생명으로부터 나온 것이
분명하다. 우리 눈에 보이는 모든 것은 눈에 보이지

않는 어떤 것에서 나오는 법이기 때문이다. 남자는
그 사실을 인정할 수밖에 없게 된다. 그렇다면
보이지 않는 그것이야말로 모든 것의 '원인'임에
틀림없다. 남자는 이 사실 또한 인정할 수밖에 없다.


또한 '원인'은 '법칙'에 따라 작용한다. 이 또한
받아들이지 않을 도리가 없다. 그렇다면 이 '법칙'은
모든 곳에 존재하니, 우리 안에도 분명 존재한다.
이해가 쉽지 않았지만 남자는 숙고한 끝에 그럴 수밖에
없다는 사실을 깨닫는다. 남자는 자신도 모르는 사이에
성공이든 실패든 우리 삶에서 일어나는 모든 일의
원인이 자기 자신이라는 사실을 인정하게 된다.


'신'은 우리를 자율적인 선택이 가능한
개인으로 창조하는 것 외에는 달리 창조할
길이 없었다. 이 점은 명백하다.

그렇다면 이제 어떻게 해야 하는가? 우리는
다음처럼 해야 한다. 실패에 대한 생각이 들 때마다
그것을 강력하게 빛나는 성공에 대한 생각으로
바꿔 놓는다. 사업에 활기를 불어넣는 말을 한다.
날마다 활기만을 보며 자신이 '우주적 법칙'을
사용하고 있다고 확신하고, 자신의 생각이 '신'의
생각처럼 확실한 결과를 가져다줄 것임을 알라.

일어나기 바라는 바로 그 일을 날마다 '창조하는 위대한
마음'에게 넘기라. 우리는 바라는 일만 바라보며
영혼의 침묵 속에서 말을 할 것이다. 그러면 그 일이
우리에게 이루어질 것이다. 우리는 위대한 '신의
사랑'이 우리와 우리의 일을 통해 흐르고 있음을 믿게
될 것이다. 우리는 그 사랑에 감사하게 될 것이다.

신의 사랑이 우리의 삶을 가득 채운다. 우리의 영혼을
채운다. 이제 우리는 다른 사람이다. 우리는 활기와

용기로 가득 차 있어서 만나는 사람마다 우리의
에너지에 놀랄 것이다. 사람들은 그저 우리와 만나고
싶어 할 것이다. 만나면 행복을 느끼고 희망에 찰 것이다.

남자는 몇 달 사이에 성공한 사람이 되었다. 사람들이
남자에게 물었다. "어떻게 한 겁니까?" 남자는 몇
달 전에 자신이 들었던 것과 똑같은 답을 한다.

대중 강연을 하는 사람이라면 다음처럼 실천할
수 있다. 강연을 듣기 위해 사람들이 구름 같이
몰려드는 모습을 날마다 상상한다. 그 외에는
아무것도 보지 않는다. 그러면 마음으로 보고
느끼는 바를 그대로 경험하게 될 것이다.

항상 이 점을 기억하라. 삶은 내면에서 비롯해
외부를 향하는 것이지 결코 외부에서 비롯해
내면을 향하는 것이 아니다. 그렇기에 우리

삶에서 힘의 중심은 바로 우리 자신이다.

이 사실을 확실히 알고, 엉터리 조언은 따르지 말라.
세상은 툭하면 큰일 날 거라고 아우성치는 사람들로
가득하다. 그런 사람은 아무리 대단해 보이는
사람일지라도 외면하라. 부정적인 것에 낭비할
시간은 없다. 우리는 *이미* 성공한 사람으로서 우리가
이루고 싶은 바를 매일 '법칙'에 정확하게 넘긴다.
그러면 '법칙'이 언제나 우리를 위해 일한다. 모든
두려움이 사라지며 우리는 온 우주에 '유일한 힘'만이
존재한다는 사실을 확신한다. 모든 '진실' 가운데
가장 위대한 이 진실을 아는 사람은 실로 행복하다.

생각을 제어하는 정신적 능력에 만사가 달려 있다.
그것이 가능한 사람은 원하는 바를 가질 수 있고,
바라는 바를 할 수 있으며, 뜻하는 대로의 사람이 될
것이다. '생명', '신', '우주'는 그런 사람의 것이다.

# 21

# 돈은 정신적 발상이다

**MONEY A SPIRITUAL IDEA**

많은 사람들이 돈을 악(惡)으로 여기지만
자신의 삶에서 이 악을 많이 원하지 않는
사람은 단 한 번도 본 적이 없다.


모든 것이 생명의 시현이라면 돈도 생명의 시현이니
돈은 분명 선하고 좋은 것이다. 돈이 어느 정도 있지
않으면 우리는 곤경에 처할 수 있다. 하지만 돈을

어떻게 벌어야 할까? 그것은 모든 인간의 문제다.
어떻게 부를 얻을 것인가? 돈은 저절로 생겨나지
않으니 돈은 분명 결과물이다. 돈의 이면에는 분명
돈을 낳는 '원인'이 있다. 그 원인은 절대 보이지 않는다.
모든 원인은 절대 보이지 않는다. 의식이 원인이다.
돈 의식(money consciousness)이 있는 사람들은 그
의식이 외부에 시현된 바를 가지고 있다. 마음속에
생생한 현실로 돈 의식이 있는 사람들이 주머니
속에도 그 시현물을 갖고 있는 것이다. 이런 정신적
닮은꼴이 없는 사람은 주머니 속에도 돈이 없다.


우리가 할 일은 돈 의식을 습득(習得)하는 것이다. 이
말이 매우 물질적으로 들릴지도 모르지만 돈이라는
발상은 물질적인 것이 아니다. 정신적인 것이다.
우리는 돈과 하나 될 필요가 있다. 돈이 없다는
생각으로 돈을 멀리하는 한 절대 그렇게 될 수 없다.
방법을 바꾸자. 우주의 모는 '힘'이 우리가 쓸 수
있는 모든 것을 날마다 가져다준다고 매일 선언하여

그 공급(supply)과 하나가 되자. 공급의 존재를
느끼라. 그 공급이 이제 우리의 것임을 확신하라.


지금 가지고 있다고 느끼라. 그러면 주어질 것이다.
마음속 의심이 완전히 사라질 때까지 내적 작업을
하라. 모든 것은 '마음'이며 '신의 법칙'이 우리 삶을
지배한다는 사실을 이해하는 사람은 돈이 마를 수 없다.


완벽한 공급에 날마다 감사하라. 그 공급이 자신의
것이며 이제 완전히 소유하게 되었다고 느끼라.


가난이나 한계에 대해 말하기를 거부하라. 자신이
부유하다는 생각을 꼭 붙들라. 백억 원 의식(million dollar
consciousness)을 가지라. 그 밖에 다른 길은 없으며
이 의식이 우리가 하는 모든 일에 스며들 것이다.

사방팔방의 모든 원천에서 돈이 들어오는 것을
보라. 만사가 우리에게 도움되고 있다고 확신하라.


삶 속에서 '전능한 힘'의 존재를 실감하라.
'전능한 힘'에게 말을 꺼내라. 그리고 우리의 말이
닿으면 '전능한 힘'이 응답한다고 느끼라.


자신보다 많이 가지고 있는 것처럼 보이는 사람을
볼 때마다 나도 같은 것을 가지고 있다고 확언하라.
이 확언은 남의 것을 내가 갖고 있다는 뜻이
아니라 나도 그만큼 갖고 있다는 뜻이다. 우리에게
필요한 것은 모두 우리 것이라는 뜻이다.


뭐든 큰 것을 생각할 때마다 즉시 "그것은 나를
뜻한다.(That means me.)"고 말하라. 이 방법으로
우리가 '법칙' 속에서 큰 생각과 합일하는 법을
익힌다. 그러면 '법칙'은 그 작동 방식에 따라

우리에게 그것을 쉽게 가져올 것이다.


의심하는 생각을 잠시도 허용하지 말라. 항상 자신에
대해 낙관하라. 생각의 내적인 움직임을 항상 주시하라.
그러면 나머지는 '법칙'이 알아서 해 줄 것이다.

항상 이 점을 기억하라.

삶은 내면에서 비롯해

외부를 향하는 것이지

결코 외부에서 비롯해

내면을 향하는 것이 아니다.

그렇기에 우리 삶에서 힘의 중심은

바로 우리 자신이다.

# 22

## 행동

**ACTION**

'우주'에는 활기(activity)가 넘친다. 모든 곳에
움직임이 존재한다. 그 무엇도 가만히 있지 않는다.
활기는 모두 마음에서 나온다. 상황과 발맞추려면
우리는 움직여야 한다. 그렇다고 우리가 안간힘을
쓰거나 분투해야 한다는 것은 아니다. 다만
기꺼이 우리 몫의 일을 해야 하는데, 그 방법은
'법칙'이 우리를 통해 일하게 하는 것이다.

'신'이 우리를 통해 일하도록 허용해야만 '신'은
우리에게 무언가를 해 줄 수 있다. '지능'이 우리에게
아이디어를 주면 이번에는 우리가 그 아이디어로
일을 한다. 그러나 이제 우리는 일할 때 어떤 의심도
두려움도 없다. 결코 실수하는 법이 없는 무언가를
다루고 있음을 알기 때문이다. 우리는 무한한 '힘'을
내면에서 신뢰할 때 생기는 차분한 자신감을 가지고
나아간다. 우리가 하는 모든 행동의 이면에는 '법칙'이
우리를 통해 일하게 한다는 위대한 의도가 있다.

'활기의 법칙(The Law of Activity)'은 반드시
지켜져야 한다. 우리는 기꺼이 외부 활동에 나서야
한다. 예수는 죽은 나사로를 살리러 무덤에 갔다.
마찬가지로 우리도 가야 한다. 결코 실패하지
않는 무언가가 우리와 동행할 것이다.

사업을 할 때도 활기의 법칙을 적용해야 한다.

활기라곤 찾아볼 수 없는 따분한 분위기의 사업장이
너무 많다. 그런 곳에 들어가면 뭐 좋은 것 없을까
하던 관심이 순식간에 사라진다. 뭔가를 사고 싶은
마음이 들지 않는다. 이유는 알 수 없지만 우리는
그런 곳에서 나와 다른 상점으로 발걸음을 돌리게
된다. 모든 것이 살아 있고, 모든 것이 움직이며,
모든 것이 활기 있다는 느낌을 주는 곳으로 간다.
우리가 찾던 곳이 바로 여기라는 확신을 느낀다.
그리고 그곳에서 지갑을 연다. 원하던 바로 그것을
발견한다. 구매에 만족하며 기분 좋게 문을 나선다.


이런 활기를 만들어 내려면 단순한 생각 이상의 어떤
것이 반드시 있어야 한다. 그것이 먼저다. 즉 활기찬
생각부터 하는 사람은 그 생각을 자연히 현실로
나타내 왕성하고 정력적으로 움직인다. 그리고 그렇게
움직이면 사업과 손대는 모든 일에 활기를 불어넣는
데 도움이 된다. 움직이지 않는 사람은 그 생각도
정체되어 있다. 생각과 움직임은 언제나 함께 간다.

상점이나 사업장에서 일하는 사람은 언제나 물건이라도
옮기고 있어야 한다. 항상 무언가 하고 있어야 한다.
사람들이 그 모습을 보면 그 이면의 활기찬 생각을
느끼고 거래하고 싶어진다. 매대 위에 늘 같은 물건이
놓여 있는 상점은 고객을 끌어들이지 못한다. 세상은
행동과 변화를 좋아한다. 행동이 '생명'이다.


점원으로 하여금 가게에 활기를 일으킬 생각을
하게 하고, 그 생각을 현실로 나타내도록 하라.
그러면 없던 손님도 얼마 안 가 생길 것이다.
기민함이 열쇠다. 항상 깨어 있으라. 육체에
활기가 있으려면 정신부터 기민해야 한다.


일이 벌어지고 있는 것처럼 행동하라. 실제로는
아니더라도 그런 것처럼 행동하라. 일이 계속 움직이게
만들라. 그러면 곧 주문 폭주로 즐거운 비명을 지르게 될
것이다. 활기가 천재성이다. 우리가 가는 상점의 태반은

너무 따분해서 한시바삐 도망치고 싶게 만든다. 나머지
반은 살아 있다. 그런 상점이 세상에 물건을 판다.


생각이 활기찬 사람은 홀로 앉아 생각할 필요가 없다.
그런 사람은 생각하면서 일하며, 그럼으로써 자신을
통해 작용하는 '법칙'에 따른다. 활기찬 생각이 그를
움직이게 만들고, 자신에 찬 생각이 그의 움직임을
자신 있게 만들며, '지고의 인도(Supreme Guidance)'를
받는다는 생각이 그의 일에 지능을 불어넣는다.


우리는 신중해야 하지만 판에 박힌 삶을 살아서는
안 된다. 항상 색다르고 새로운 무언가를
하라. 그러면 삶은 하나의 큰 게임이 되고 이
게임에서 우리는 선도자가 될 것이다.


몸도 마음도 활동적인 사람의 삶은 결코 지루해지지
않는다. 삶이 너무 흥미로워 충분히 누리지 못할까

안타까울 정도가 된다. 어떤 사람들은 게으른 정신적
습관에 빠진 채 새로운 아이디어와는 담을 쌓고
살아간다. 위대한 생각을 하고 세상으로 나가 꿈을
현실로 만드는 사람들, 위대한 일은 그들의 몫이다.


새로 할 일을 찾지 못하겠다면 집에 가서 침대나 피아노
위치라도 바꿔 보라. 가스레인지를 응접실로 옮기거나
가끔 계단참에서 식사를 해 보는 건 어떤가. 그러면
절대 멈추지 않는 무언가가 우리 안에서 움직이고
달라지기 시작할 것이다. 완전히 깨어 있는 사람은 할
일이 너무 많아 이번 생에는 다 손대 볼 수도 없다고
느낄 것이다. 그런 사람은 자신이 키워 온 이상을 모두
실현하려면 '무한한 시간'이 필요하다는 것을 알고 있다.


만물은 '마음'에서 나오고, '마음'은 '마음' 자체에
대해 행동을 취하니, 우리는 우리 자신과 상황에
대해 행동을 취해야 한다. 노예가 아니라 주인으로서

행동을 취해야 한다. 생명이 우리에게 관심 갖기를
바란다면, 생명에 관심을 가지라. '생명' 속에서
행동하라. 그러면 '생명'이 우리를 통해 행동할 것이다.
그리하면 우리 또한 세상의 큰 인물이 될 것이다.

# 23

# '무한'이라는 발상

**IDEAS OF THE INFINITE**

'우주의 마음'으로부터 확실한 아이디어, 안내나 지도,
정보 같은 것을 끌어당기고 싶다고 하자. 어떻게 해야
할까? 먼저, 끌어당길 수 있다는 확신이 들어야 한다.

모든 발명은 어디에서 나올까? 에디슨은 전기에
관한 정보를 어디에서 얻었을까? '우주의 마음'에서
직접 나오는 것 외에 다른 길은 없다. 지금껏

인류가 발견한 모든 것은 '마음'에서 곧바로 나온
것이다. 그 외에는 나올 수 있는 곳이 없다.


우리가 깨닫지 못했을 뿐 모든 발명은 이미 존재하던
무언가를 발견한 것에 불과하다. 음악의 화음은
어디서 나올까? '마음' 말고 달리 비롯할 곳이 있을까?
위대한 음악가는 우리가 듣지 못하는 무언가를 듣는
것이 아닐까? 음악가의 귀에는 '음의 조화'가 잡힌다.
그래서 그는 '생명' 자체에서 직접 음의 조화를 포착해
세상에 옮겨 놓는다. 우리는 천상의 음악에 에워싸여
있지만 그 소리를 포착할 수 있는 사람은 드물다.


우리는 골칫거리에 파묻혀 지내느라 '신의 선율'을
전혀 듣지 못한다. '전체(All)'의 현존을 보고, 듣고,
이해하고, 깨달을 수 있다면 우리가 못 할 일이 있을까?


위대한 생각이 마음에 문득 떠오를 때, 위대한 시를

쓸 때, 감수성 예민한 예술가가 위대한 작품을
만들 때, 그런 순간은 실상에 드리워진 베일이
얇다는 신호다. 그들은 언뜻 실상을 본 것이다.


그러나 대다수 사람에게 '영감'은 의존할 것이 못 되므로
우리는 느리긴 해도 확실한 방법, '무한'으로부터 직접
받는 법을 써야 한다. 이 방법은 간단하면서도 아주
효과적이다. 무언가에 대해 알고 싶거나 어떻게 행동에
들어가야 할지를 알고 싶다면, 우선 내면을 고요히 해야
한다. 외부의 어떤 모습에도 미혹되면 안 된다. 그런
결과물에 절대 흔들려서는 안 된다. 외부의 사물은
피조물일 뿐 우리를 거스를 지능은 갖고 있지 않다.


우리를 온통 에워싼 절대적 '지능', 모든 것을 아는
'마음'이 존재함을 깨달을 때까지 침묵하라. 이제 각자
바라는 바를 완벽하게 그리라. 원하는 것을 모르면
그림을 얻을 수 없다. 고대하는 바를 말하여 우리의

마음이 '우주적 마음'과 만나게 하라. 그것을 청하고,
받고 있음을 믿으며, 기다리라. 몇 분 뒤에는 이제
알고 있다고 선언하라. 아직 알지 못하는 것 같아도
의식의 깊숙한 곳에서는 이미 인상을 받았다. 이제
받았음에 감사드리라. 방향을 잡을 때까지 매일
이렇게 하라. 자기 직전에 하는 것이 좋을 수도 있다.


이렇게 실천한 후에는, 주어진 앎을 절대
부인하지 말라. 그러면 어떤 발상이 형태를
이루기 시작하는 때가 온다. 기다렸다가 발상이
분명하게 나타나면 그에 따라 행동하라. 완벽하게
확신하는 사람다운 신념을 다해 행동하라.


우리는 모든 이해의 근원에서 곧바로 이해를
얻었으며, 모든 지식의 근원에서 지식을 얻었다.


끈질기기만 하면 누구나 이렇게 할 수 있다. 이 앎은

틀림없는 길 안내이며 절대 우리를 실패로 이끌지

않는다. 다만 '믿음'의 순간에 확언한 바를 다른 순간에

부인하고 있지는 않은지 확인해야 한다. 이렇게

함으로써 우리는 실수는 덜 하게 되고, 머지않아 우리의

삶은 최고의 지혜와 이해에 의해 다스려질 것이다.

# 24

# 남에게 기대지 말라

**DON'T BE A LEANER**

절대 남에게 기대지 말라. 우리 각자에게는 필요한 일을 모두 해내기에 충분한 힘이 있다. '전능한 신'이 이미 모든 이의 영혼 속에 천재성을 심어 놓았으며, 우리는 그 숨은 천재성을 끌어내어 빛을 발하게만 하면 된다. 다른 사람이 이끌어 주기만을 바란다면 절대 그렇게 될 수 없다. "그대 내면에 들어가 상념이 희미해지도록 침묵 속에서 기다리면, 그곳에서 '그'를 발견하리라."

우주의 모든 힘과 지능이 우리 내면에서 활용되기만을
기다리고 있다. 이 '신성한 불씨'를 부채질하여 우리
고유의 신성이 살아 있는 '불'로 타오르게끔 해야 한다.


'홀로서기(Self-reliance)'는 항상 새겨 둘 말이다.
자신의 내면에 귀를 기울이라. 잘못 알아들을 수 없는
언어로 내면의 목소리가 말을 할 것이다.
그 누구보다 자기 자신을 신뢰하라. 큰 인물들은
모두 그렇게 할 줄 알았다. 모든 사람은 자신의
영혼 속에서 '무한한 이해력'과 직통한다.


남에게 의존하는 것은 남의 불을 빌려 내 갈 길을
밝히려는 것과 같다. 자신에게 의지할 때 우리는
내면의 목소리에 의지한다. 이 목소리는 신이 인간의
내면에서 인간을 통해 말하는 것이다. "인간은 '신'
안에 존재하는 만물이 들어오고 나가는 통로다."(랠프
에머슨) '신'은 우리를 만들어 각자의 개인성을

알아차리도록 양육했다. 이제부터는 '신'이 우리를 통해 나타나게 해야 한다. 이것이 사실이 아니라면 우리는 개인으로 존재하지 않았을 것이다.

"보아라! 내가 문 앞에 서서 이렇게 기다리고 있다."(요한계시록 3:20) 이 진술은 힘이 우리 바로 옆에 있음을 보여 준다. 하지만 우리 '개인'이 문을 열어야 한다. 우리의 생각이 그 문이고, 우리는 문지기다. 문을 열면 '신성한 존재'가 바로 앞에서 기다리며 우리가 믿을 수 있는 모든 일을 기꺼이 해 주려 할 것이다. 우리가 믿는 모든 것을 기꺼이 대신해 줄 채비를 갖춘 채 바로 앞에서 기다리고 있는 '신성한 존재'를 발견하게 될 것이다.

'무한'의 힘이 있어 우리는 강인하다. 우리는 약하지 않다. 우리는 하찮은 존재가 아닌 위대한 존재다. 우리는 '무한한 마음'과 '하나'다.

정말로 할 일이 있으면 남모르게 간직하라. 그
일에 대해 이야기하지 말라. 원하는 바에 대해서는
마음속으로만 확신하고 침묵을 지키라. 큰일을
해야겠다고 생각하고 그에 대해 이야기했다가 모든
힘이 사라져 버린 듯한 느낌을 받은 적이 많지 않은가.


그런 일은 실제로 벌어진다. 우리는 모두 끊임없는
생각의 흐름을 내보내 '마음'에 넣는다. 생각이
또렷할수록 현실로 더 잘 나타난다. 생각에 의구심이
끼어들면 그렇게 또렷하게 나타나지 않는다.
생각이 혼란스러우면 혼란이 현실로 나타난다. 이
모두가 '인과 법칙'을 따르며 우리는 이 '법칙'을
바꿀 수 없다. 앞으로의 계획을 친구들에게
이야기했다가 친구들이 비웃거나 그런 큰일을
할 수 있겠냐고 의심하는 바람에 우리의 생각이
혼란스러워질 때가 너무 많다. 물론 우리가 항상
긍정적이라면 그런 일이 생기지 않을 수도 있지만,
아주 조금이라도 부정적인 기분이 들면 창조적인

일에 전적으로 필요한, 명료함의 힘을 잃게 된다.

큰일을 하고 싶다면 정신적으로 도면을 그려 완벽하게 만들고, 도면이 뜻하는 바를 정확히 알고 생각을 크게 키워 남모르게 간직한 뒤에, 그 생각을 만물의 이면에 있는 창조의 힘에 넘기고 귀 기울이며 기다리다가, 인상을 받으면 확신을 가지고 추진하라. 누구에게도 그 일에 대해 이야기하지 말라. 부정적인 이야기에는 결코 귀 기울이거나 신경 쓰지 말라. 그러면 모두가 실패하는 일에서도 우리는 성공할 것이다.

# 25

# 원인과 상황

**CAUSES AND CONDITIONS**

생명은 본래 물리적이지 않으며 정신적이고
영적이라는 것, 이를 깨달으면 특정한 정신적·영적
과정을 통해 원하는 바를 현실로 나타낼 수
있다는 사실을 쉽게 납득하게 된다.


우리는 상황이 아니라 원인을 다루고 있다. 원인은
생명의 보이지 않는 측면에서만 비롯한다.

이상할 것도 없이 전기가 바로 그러하며, 생명조차도
그러하다. 우리에게 생명은 보이지 않는다. 생명이
하는 일만 보인다. 생명이 하는 일을 우리는 상황이라
부른다. 당연히 상황은 결과일 뿐이다. 우리는 결과로
이루어진 외부 세계와 원인이 존재하는 내면 세계에서
살고 있다. 우리가 생각으로 원인을 작동하면 원인에
내재한 힘을 통해 생각이 상황으로 드러난다. 따라서
원인은 결과에 걸맞게 마련이며, 결과는 마음속에
품은 원인과 비례한다. 모든 것은 '하나의 재료(One
Substance)'에서 나오며, 우리의 생각이 그 '재료'를
규정하고 각자의 삶에서 일어날 일을 결정한다.


인도 경전 『바가바드기타』에는 '하나'만이 존재하며 그
'하나'가 우리가 믿은 대로 되어서 우리에게 나타난다는
가르침이 나온다. 바꿔 말해 우리는 현실에 나타나
있지 않은 것들을 현실로 나타나게 한다. 이 사실로
인해 신의 전능은 조금이라도 깎이기는커녕 오히려
치켜세워진다. 신이 우리로 하여금 그렇게 할 수 있도록

창조했기 때문이다. 신이 변함없이 우주를 다스리긴
하지만 우리에게도 우리 삶을 다스릴 힘이 주어져 있다.


그렇다면 우리는 다음 사실을 완전하게 깨달아야
한다. 우리는 우리가 다룰 권리가 있는 '재료'를
다루고 있으며, 그 법칙을 배우면 에디슨이 전기를
다루듯 우리 용도에 맞게 '재료'를 쓸 수 있다. 우리가
법칙을 사용해야 법칙도 존재하는 것이다.


우리가 다루는 재료 자체는 한계가 전혀 없지만
우리는 자주 한계에 부닥친다. 우리는 우리가
믿고 있는 것만 끌어당길 수 있기 때문이다.


우리에게 한계가 있다고 해서 '우주'에도 한계가 있어야
할 이유는 없다. 우리의 불신이 곧 한계다. 생명은
우리에게 큰 것도 줄 수 있고 작은 것도 줄 수 있다.
생명이 우리에게 작은 것을 주었다고 해서 생명에

한계가 있는 것은 아니다. 생명은 한 알의 모래를 만들 듯 하나의 행성도 만들 수 있기 때문이다. 사물의 거시적 계획에는 온갖 유형의 크고 작은 형태들이 필요하며, 그런 형태들이 결합해 완전한 전체를 이룬다. 만물 이면의 힘과 재료는 여전히 '무한'하다.

이 생명은 우리를 통해서만 우리가 보고 있는 모습으로 되는데, 이 '된다'는 것은 우리가 '영'에 보내는 생각의 형태를 통해 '영'이 우리 삶에서 시현의 일부가 됨을 뜻한다. 생명에는 본디 한계가 전혀 없다. 개미는 코끼리와 똑같이 생명이 있되 그 크기만 작은 것이다. 문제는 크기가 아니라 의식이다.

우리에게 한계가 있는 것은 실제 경계선이 있기 때문이 아니라, 생명에 대한 견해가 잘못되어 있고 우리가 '무한'을 다루고 있음을 인식하지 못하기 때문이다.

인간이 한계를 경험하는 것은 신의 잘못이 아니다.
인간의 인식이 잘못되어 있기 때문이다.


과연 그런지 입증하려면 생명에 대한 잘못된 인식의
속박에서 벗어나 보라. 그러면 곧바로 한계가 점점 덜
나타날 것이다. 그것은 내적 견해의 성장 문제다.


이 말을 들은 사람들은 다음 같은 질문을 던지곤
한다. "내가 스스로 가난하고 불행한 존재가 되기로
결심했다는 겁니까? 나를 바보로 아는 겁니까?" 물론
우리는 바보가 아니다. 그러나 이제껏 속아 왔을
가능성이 높다. 우리 대부분이 그렇다. 내가 아는
사람 중 생명에 대해 속고 있는 채로 속박에서 벗어난
이는 하나도 없다. 우리가 가난에 대해 생각하지
않았을지라도 가난을 낳는 생각을 했을 수는 있다. 사고
과정을 면밀히 관찰해서, 벌어지길 원치 않는 일에 대해
하루에 몇 번이나 생각하는지 알아보라. 그러면 생각을

잘 지켜보고 제어할 필요가 있음을 납득하게 될 것이다.

우리가 할 일은 우리의 사고 과정을 뒤집어,
반드시 긍정적이고 건설적인 생각만을 하는
것이다. 상황과 상관없이 원하는 것만을
생각하겠다는 차분한 결단은 생명에 대해 더욱
큰 깨달음을 얻는 데 큰 도움이 될 것이다.

물론 넘어질 때도 있고 여정도 편치 않지만 우리는
성장할 것이다. 날마다 우리가 '창조하는 마음'에
보낸 한층 새롭고 한층 큰 생각은 우리의 삶이 되어
나올 것이다. 날마다 우리는 부정적 성향을 극복할
것이다. 어렵더라도 계속 이렇게 해서 모든 생각을
지배하기에 이르러야 한다. 그렇게 되는 날 우리는
우뚝 서서 다시는 넘어지지 않게 될 것이다.

자기 자신을 늘 부드럽게 대하되 어려움을

극복할 때까지 낙심하거나 포기해서는 안

된다. '전능한' 힘과 친절하신 '사랑의 아버지'가

언제나 우리를 받쳐 주신다는 것을 느끼라.

그러면 여정이 한결 편해질 것이다.

# 26

## 정신적 대응물

**MENTAL EQUIVALENTS**

우리는 각자의 정신적 구현 능력을 능가해서 생명을
현실로 나타낼 수는 없다는 사실을 반드시 기억해야
한다. 아이디어는 우리 각자의 내면에서만 만들어진다.
우리는 우리가 되어 있는 바(What we are)를 생각에
담는다. 되어 있지 못한 바는 생각에 담을 수 없다.

원하는 바를 '생명'에서 끌어당기려면 먼저 원하는

바를 생각해서 '생명'에 넣어야 한다. '생명'은 언제나 우리가 생각하는 바를 만들어 낸다. 성공하려면 먼저 생각 속에 성공을 품어야 한다. 우리가 조물주라서가 아니다. '생명'의 흐름이 현실로 나타나려면 우리를 거쳐 우리가 부여한 형태를 취해야 하기 때문이다. 우리를 관통하는 '생명'의 흐름은 우리가 형태를 부여한 것만을 현실화할 수 있기 때문이다. 그러므로 원하는 것을 손에 넣으려면 먼저 내면에 그에 해당하는 정신적인 대응물이 있어야 한다.

예수가 기도할 때는 믿어야 한다고 말한 의미가 이것이다. 그렇게 믿으면 우리 내면에 어떤 확신이 생겨, 우리가 청한 대로 경험하기도 전에 그리 될 것임을 안다. 이런 믿음은 우리가 청한 바를 보기도 전에 우리 내면에 만들어 낸다.

예를 들어 자신의 일에 활기를 불어넣고 싶어 기도하는

사람이 있다고 해 보자.(여기서 기도란 무언가를 손에 넣기 전에 미리 받아들이는 것을 의미한다.) 활기가 생기려면 먼저 내면에 활기가 있어야 한다. 만물에서 활기를 보아야 한다. 원하는 바에 상응하는 무언가가 있어야 한다. 다시 말해, 정신적인 대응물이 있어야 한다.

우리는 내면에서 구현한 만큼만 끌어들인다. 그릇에 부은 물이 물의 양만큼만 차오르듯, 외부 상황은 내면에서 실감한 만큼만 재현된다.

인간은 스스로 되어 있는 만큼만 끌어당기는 법이다. 다만 우리는 바라는 것의 이미지를 내면에 제공한 다음, 법칙을 명확하게 적용하여 필요한 것을 얻는 방법을 배울 수 있다. 처음에 활기를 크게 실감하지 못하면 실감한 만큼만 활동해야 할 것이다. 그러나 내면의 원인에 걸맞는 외부의 상황이 나타남에 따라, 더 크고 더 가치 있는 것에 대한 내적 수용성을 키우기가 한결 수월해질 것이다.

한 가지는 확실하다. 우리는 모두 어딘가에서
출발해야 하는데 그 어딘가는 바로 우리 내면에
있다. 확언은 *내면에서* 해야 하는 것이며, 진짜로
실감하는 일도 내면에서 해야 하는 것이다.

이렇게 하는 것이 처음에는 어렵게 여겨질 수도
있다. 내면에서 부정적인 생각들과 끊임없이
마주치기 때문이다. 또한 우리는 때로 자신을
잃을 수도 있고, 어려움을 이겨 낼 만큼 강인하지
못할 수도 있다. 그러나 우리가 성장 중이라는
사실만큼은 확신하고 안심해도 된다.

우리는 나날이 삶에 대해 더 큰 생각을 내놓을 것이다.
또한 내적 성장과 더불어 '창조하는 마음'에게 말을
꺼내는 능력이 커질 것이며, 그 결과 새로운 충동이

생겨 더욱 큰일을 하게 될 것이다. 성장과 실감은
언제나 내면에서 비롯하지 외부에서 비롯하지 않는다.


두려움과 가난과 제약이라는 오랜 집단
암시에서 벗어나, '하나'가 삶에 드러나길
제약하는 모든 것을 생각에서 치워야 한다.


유일무이한 힘을 다루고 있음을 잊지 말라. 그러면
일이 쉬워진다. 상황은 내면에서 외부로 나오는
것이지 외부에서 내면으로 들어가는 것이 아니어서,
어떤 상황도 극복할 필요가 없기 때문이다.


새로운 동네로 이사한 사람이 있다고 해 보자. 그 사람은
생각해 내는 것들을 즉시 자신에게 끌어들이기 시작한다.
무엇을 생각할지 매우 조심해야 한다. 원하는 바를
정확히 알아서 매일 '지고의 마음'에 넘기고 '지고의
마음'이 자신을 위해 일해 줄 거라 확신해야 한다.

낡은 생각은 깨 버리고 새로운 생각이 자리 잡게 해야
한다. 낡은 생각이 들 때마다 똑바로 바라보면서 내
마음에 낡은 생각을 위한 자리는 없다고 선언하라.
낡은 생각은 나에게 힘을 못 쓴다. 이렇게 법칙을
진술하고 법칙에 의지하여 다른 모든 것을 물리치라.


더욱 알고 이해하도록 날마다 노력하고, 특별히
보호받고 있음을 날마다 느끼라. 특정 개인을
위한 특별한 창조물은 없지만, 법칙에 생각을
보낼 때마다 우리는 저마다 법칙을 특별하게
만든다. 모든 생각이 받아들여져 그에 대해
항상 무언가가 이루어지기 때문이다.


좋은 실습 방법은 가만히 앉아서 자신이 '신성한'
끌어당김의 중심이고, 만물이 자신에게 오고 있으며,
내면의 힘이 필요한 모든 것을 끌어당기고 있음을
실감하는 것이다. 이에 대해서는 왈가왈부하지

말고 그냥 그렇게 하라. 그리고 마친 뒤에는
모두 법칙에 맡기고 실현될 것임을 확신하라.


이제 자신의 삶에 모든 생명과 사랑, 힘이 존재한다고
선언하라. 자신이 풍요의 중심에 있다고 선언하라.
아직 결과가 보이지 않더라도 선언한 바를
고수하라. 그러면 효과가 있을 것이며, 가장 크게
믿는 자가 언제나 가장 크게 얻을 것이다. '법칙'을
친구처럼, 늘 우리의 이익을 보살피는 친구라고
생각하라. 전적으로 '법칙'을 신뢰하라. 그러면
법칙이 우리에게 도움되는 것을 가져다줄 것이다.

# 27

# 하나의 법칙이
# 만 가지 현실로 나타난다

**ONE LAW AND MANY MANIFESTATIONS**

사람들은 '법칙'이 도움을 주는 한편, 더불어
해로운 것도 가져다주지는 않을지 묻곤 한다.
그들이 '우주적 법칙'의 진정한 의미를 이해한다면
결코 그런 질문은 하지 않을 것이다.

물론 '법칙'은 우리가 생각한 것을 가져다준다.
법칙이라는 것은 모두 그렇다. 전기의 법칙이 집을

밝혀 주기도 하지만 집을 태울 수도 있는 것과 같다.
'법칙'으로 무엇을 할지는 우리가 결정한다. 법칙
자체는 언제나 개인과 무관하다. 우리가 언제나 생명을
더욱 완전하게 시현하는 일에 법칙을 사용한다면
법칙이 해로운 용도로 이용될 가능성은 없다.


스스로 경험하고 싶지 않은 일에는 법칙을 사용하지
말아야 한다. 이것이 그런 유형의 의문 전체에 대한
답이다. 나는 내가 청하는 바를 진정으로 원하는가? 다른
사람에게 일어나도록 청한 일이 내게 일어나더라도
기꺼이 받아들일 수 있는가? 우리가 선(善)만
바란다면 악(惡)을 위해 '법칙'을 쓸 수 있을까? 쓸 수
없다. 그러니 그 점에 대해서는 신경 쓸 필요 없다.


우리는 우리 자신과 온 세상을 위해 선하고 좋은 것만을
바라야 한다. 이런 바람을 가지고 우리가 원인을
제공하면 곧바로 '법칙'이 우리의 계획을 실행으로

옮긴다. '법칙'을 불신한 나머지 '법칙'을 오용할까 봐
두려워지는 일이 결코 없도록 하라. 그것은 큰 실수다.


모든 '법칙'은 개인과 무관해서 누가 '법칙'을
사용하든 상관하지 않는다. '법칙'은 그저 모든
사람이 저마다 생각하는 바를 가져다준다. 어떤
사람도 '법칙'을 파괴적인 방식으로 오랜 기간
사용할 수는 없다. 집요하게 나쁜 짓을 계속하면
'법칙'은 그 사람 자신을 파괴하기 때문이다.


우리 자신 외에는 누구에게도 책임이 없다. 세상을
구해야 한다는 생각은 모두 접으라. 많은 사람들이
노력했지만 모두 실패했다. 우리는 그저 각자의
삶에서 현실로 나타내는 것을 통해 만물 이면의 위대한
힘인 '법칙'이 실제로 존재한다는 사실을 증명할
수 있을 뿐이다. 이것이 우리가 할 수 있는 전부다.
모든 사람이 스스로를 위해 그같이 해야 한다.

"죽은 사람의 장례는 죽은 사람이 치르도록 하고"(마태 8:22) 자신의 삶에만 신경 쓰라. 그런 행동은 이기적인 것이 아니며, 법칙이 우리 삶을 지배하고 있음을 입증할 뿐이다. 법칙을 믿게 되면 모두가 그렇게 할 수 있고, 믿기 전에는 아무도 그렇게 할 수 없다.

# 28

# 기존 상황 초월하기

**TRANSCENDING PREVIOUS CONDITIONS**

이따금 원치 않는 것을 끌어들이는 경우 어떻게
해야 할까? 삶에 이미 끌어들인 모든 것을 어떻게
해야 할까? 마지막 한 푼의 대가를 치를 때까지
계속 고통받아야만 할까? 우리는 카르마에 얽매여
있는 걸까? 그렇다, 우리는 스스로 행한 바에 어느
정도 얽매여 있다. 스스로 법칙이 작동하게 해 놓고
결과는 낳지 않게 하는 것은 불가능한 일이다. 씨를
뿌렸으면 거둘 수밖에 없다는 사실에는 의심의 여지가

없다. 그러나 생각해 볼 만한 점이 있다. 성경에 이런
구절이 나온다. 회개하는 자는 "씻음 받으며"(사도행전
3:18) "다시는 기억되지 않는다."(히브리서 10:17)

여기 얼핏 보기에 서로 모순되는 두 가지 진술이
있다. 전자는 이미 행한 바로부터 고통받을
수밖에 없다고 하고, 후자는 어떤 조건하에서는
고통받을 필요가 없다고 한다. 그 조건이란 대체
뭘까? '법칙'을 대하는 태도를 바꾸는 것이 그
조건이다. 즉 잘못된 방식으로 생각하고 행동하던
것을 그만두어야 한다. 그렇게 할 때는 우리는 낡은
규율에서 벗어나 새로운 규율에 정착할 수 있다.

이렇게 묻는 사람도 있을 것이다. 그 말이 맞다면
인과 법칙은 어찌 된 겁니까? 법칙이 깨질 수도
있습니까? 답은 "그렇지 않다."이며, 그 원리는 나음과
같다. 법칙은 깨지지 않으며, 우리가 잘못된 방식으로

법칙을 계속 사용하더라도 법칙은 여전히 작동한다.
다만 원인을 반전시키면, 즉 달리 생각하고 행동하면
우리는 '법칙'의 흐름(flow of the Law)을 바꿀 수 있다.
동일한 법칙이지만 우리가 흐름을 변경시키면 법칙은
제약과 벌 대신 자유와 축복을 선사한다. 법칙은
그대로이지만 그것을 대하는 태도는 바꿀 수 있다.


공을 유리창에 던졌는데 가로막는 것이 없다면
유리창이 깨질 것이다. 그것이 법칙이다. 그러나
공이 유리창에 닿기 전에 누가 공을 잡으면 유리창은
깨지지 않는다. 유리창도 깨지지 않고 법칙도 깨지지
않는다. 법칙이 작용하는 흐름이 바뀔 뿐이다.


우리도 마찬가지로 과거에 어떤 일이 있었든지 옛
경험을 초월해서 과거의 영향을 받지 않을 수 있다.
그러니 최선이 아닌 것을 끌어들였다면 그것을 계속
간직할 필요가 없음을 기억하라. 끌어들인 당시에는

그것을 최선으로 알았고 그동안에도 좋았다 하더라도,
이제는 좀 더 알고 있으므로 더 잘할 수 있다.


법칙이란 바뀌지 않는 것이어서 끌어당김의 법칙도
항상 같은 식이다. 우리가 해야 할 일은 바라지 않는
것을 생각에서 치우고, 스스로를 용서하고, 새롭게
시작하는 것뿐이다. 그에 대해 두 번 다시 생각해서는
안 된다. 바라지 않는 것을 영구적으로 확실하게 놓아
버리라. 우리는 다양한 경험을 통해 거듭 배움으로써
우리의 모든 생각과 열망을 '위대한 마음'의 근본
목적에 맞게 품으려고 노력한다. 이 '위대한 마음'의
시현은 완벽하다. '법칙'을 의식적으로 사용하기를
두려워하면 발전을 위한 노력이 모두 수포가 될 수 있다.


갈수록 우리는 거대한 우주적 계획이 나오고 있음을
알게 될 것이다. 우리가 할 일은 삶다운 삶에 이르기
위해 그 계획에 가담하는 것뿐이다. 생각을 더욱

위대한 목적에 예속시킬 때 우리는 그에 걸맞은
축복을 받는다. 그것이 처음부터 결말을 알고 있는
'아버지'에게 부합하는 방식이기 때문이다. 우리는 모두
저마다 '법칙'을 사용할 권리를 부여받았으며, '법칙'을
사용하지 않을 길이 없다는 사실을 외면해서는 안 된다.


그러니 믿음을 가지고 앞으로 나아가자. 우리보다
큰 힘이 우리를 통해 일하고 있다는 믿음, 모든
법칙은 선(善)의 법칙이라는 믿음, 우리가 '절대자의
마음'에 우리 생각의 씨앗을 심는다는 믿음, 우리가
'무한'과 함께 일한다는 '신성한' 특권을 향유하며
길을 갈 수 있다는 믿음을 가지고 나아가자.

법칙이란 바뀌지 않는 것이어서

끌어당김의 법칙도 항상 같은 식이다.

우리가 해야 할 일은 바라지 않는 것을

생각에서 치우고,

스스로를 용서하고,

새롭게 시작하는 것뿐이다.

그에 대해 두 번 다시 생각해서는 안 된다.

바라지 않는 것을

영구적으로 확실하게 놓아 버리라.

# 29

# 이해와 오해

**UNDERSTANDING AND MISUNDERSTANDING**

늘 오해받는 것처럼 보이는, 그래서 불행이 끊이지
않는 사람들이 많다. 그들은 끌어당김의 법칙을
긍정적으로 사용하지 못하다 보니 피하는 편이 나을
경험들을 계속 끌어당긴다. 이들의 문제는 겉으로
드러나지 않는 생각의 흐름이 늘 존재하고 있다가
그들이 큰 힘을 발휘하는 순간에 작동시킨 이로운
생각을 죄다 상쇄하거나 파괴한다는 점이다.

이런 이들은 대개 매우 예민한데, 그런 예민한 품성은 지극히 무질서하기 때문에 잘 제어되면 지극히 창조적인 힘이 되지만, 제어되지 못하면 지극히 파괴적인 힘이 된다. 이런 사람들은 우선 법칙에 대해 알고 법칙의 작용 방식을 이해한 후 이런 예민함을 스스로 완전히 치유해야 한다.

세상 사람 모두가 친구라는 사실을 깨달아야 하며, 그 깨달음을 보여 주는 방법으로 누구에게든, 누구에 대해서든 불친절한 말을 하지 말아야 한다. 또한 마음의 눈으로 모든 인간이 '신의 형상'을 본떠 만든 완벽한 존재임을 보아야 한다. 그 밖의 다른 것은 보지 않으면 머지않아 다른 사람들도 자신을 같은 방식으로 본다고 말할 날이 올 것이다. 그들이 이런 시각을 삶의 원칙으로 삼으면 부정적인 생각을 모두 없애 예민한 사람에게 있기 마련인 저 힘을 제어할 수 있다. 그러면 삶이 뜻대로 다룰 수 있는 자신의 것임을 알게 되고, 이제는 뿌린 대로 거둔다는 요건만 충족하면 된다.

선(善)을 닮지 않은 것은 오래가지 못하지만,
선(善)을 구현한 것은 뭐든 신과 같아서 항상
존재하며 '영원'하다는 사실을 우리는 모두
알고 있다. 우리는 과거에 자신을 속박한 그
법칙을 통해 스스로 자유를 얻을 수 있다.


평범한 사람들은, 자신도 모르게 저지르는 어떤
일이 번영의 시현 과정에서 좋은 결과를 얻을
가능성을 죄다 파괴한다. 자신에게 도움될 일을
확언하고 그것과 하나 되는 것은 바른 일이다. 그러나
타인에게 도움될 일까지 계속 넘본다면 그것은
잘못된 일이고 혼선의 원인이다. 한 입으로 어떤
원칙을 확언하는 동시에 부인할 수는 없다.


우리는 바라는 대로 되어야 한다. 하지만 뭐가
되었든 바람직하지 않은 것을 고집스레 바라보는
동안에는 절대로 그렇게 될 수 없다. 우리에게 어떤

일이 가능하다고 믿으면서 다른 모든 이들에게
똑같은 일이 가능함을 믿지 않을 수는 없다.


성취에 이르는 길 중에서 빼놓을 수 없는 하나가
만인에 대한 사랑이다. 만인에 대한 사랑이란 모든
이를 '신'의 참된 아들, '무한한 마음'과 하나 된 자로
보는 것이다. 이는 단순한 감상이 아니라 근본 법칙에
대한 명확한 진술로서, 이 법칙을 준수하지 않는 자는
자신을 존재하게 해 준 법칙에 맞서는 셈이다.


정신적 수단만으로 사물(things)을 끌어당길 수 있는
것은 사실이고, 의지가 지속되는 한 그것을 유지할 수
있는 것도 사실이다. 이는 통상적인 방식이지만 우리는
억지로 사물이 나타나게 하는 것 이상을 바란다. 우리는
우리가 신이 사용하는 것과 동일한 법칙을 사용하고
있으니 사물이 그냥 우리에게 끌려오기를 바란다.

우리가 이런 마음가짐에 이르면 그때부터 현실로
나타나는 것은 결코 사라지지 않는다. 신의
법칙처럼 영구적이어서 영원히 파괴될 수 없기
때문이다. 일을 일으키려고 애쓸 필요가 없고
'신성한' 사랑의 법칙만 있으면 된다는 사실을
알면 위로가 된다. 고요히 있으면서 우리가 '모든
것 속의 모든 것(ALL in ALL)'과 '하나'라는 사실을
알면 지친 뇌와 녹초가 된 근육의 피로가 풀린다.


자신을 위해서는 믿으려고 하면서 동시에 형제의 단점을
보려고 한다면 제 길에 들어설 수 있을까? 그렇게
하면 시야가 가려지고 우리의 본성이 비뚤어지지
않을까? 우리는 좋은 점만 보고 그 외에는 어떤 것도
마음에 들이지 말아야 한다. 만인과 만물을 두루
사랑하는 것은 모든 사랑의 근원, 만물을 사랑으로
창조하여 신성하게 보살피는 '그분'에게 사랑을
돌리는 행위다. 태양은 만물 위에 똑같이 내리쬔다.

'신'이 이토록 정성 들여 결속시켜 왔음에도 우리는 분리하고 쪼갠다. 분리하고 쪼갤 때 우리는 우리 자신의 것을 쪼개는 것이어서 조만간 각자에게 합당한 양을 저울질해 주는 '절대적 정의의 법칙(Law of Absolute Justice)'이 정산해 줄 것이다. 그때 우리는 각자 저지른 실수에 대한 고통을 받게 된다. 그 고통은 '신'이 우리에게 부여하는 것이 아니며 우리가 스스로 짊어지는 것이다. 그러므로 우리는 이기적인 이유에서라도 만물을 사랑해야 하며, 만물을 '아버지'의 본질로 만들어진 선한 것으로 여겨야 한다.

지금 어떤 것을 사랑의 길 위에서 끌어당기고 있는가? 그렇지 않다면 그것을 가질 수 있다는 기대를 버리라.

우리는 생각을 지켜보아야 한다. 그러다 누군가에게 반대하는 생각이 조금이라도 들면, 되도록 서둘러 없애라. 이것만이 안전하고 확실한 길이다. 예수는

지고한 희생의 순간에도 그 '자신'과 다름없는 존재인 나쁜 자들을 전부 용서해 달라고 '아버지'에게 청하지 않았던가? 이보다 더 나은 길이 있을까? 지금 이 순간 모두를 사랑하고 있지 않다면 사랑하는 법을 배워야 한다. 모든 비난을 영원히 멈추고 좋은 점만을 바라보면 길을 가는 데 수월해질 것이다. '신'은 선(善)이며, '신'은 사랑이다. 그 이상은 청할 수도, 상상할 수도 없다.


우리가 없애야 할 또 다른 버릇은 한계에 대해 이야기하는 것이다. 한계에 대해서는 생각해서도 안 되고, 읽어서도 안 되며, 연상된 것을 떠올려서도 안 된다. 우리는 그 이상도 이하도 아닌 정확하게 생각한 만큼을 손에 넣기 때문이다. 이는 힘든 일이 될 것이다. 그러나 우리가 존재의 과학(science of being)을 밝혀내는 중임을 잊지 않으면 때로 지루하고 힘들게 느껴지더라도 조만간 우리는 해낼 것이다. 그리고 한번 해낸 일은 영원히 해낸 것이다. 내딛는 모든 걸음은 '영원한' 걸음이기에 두 번 다시 내디딜 필요가 없다.

우리는 하루나 일 년 동안 사용할 건축물이 아닌 모든 시대를 위한 건축물, 영원을 위한 건축물을 짓고 있다. 그러므로 우리는 '지고'의 지혜와 '영'의 틀림없는 인도하에 한층 더 위풍당당한 저택을 지을 것이며 남들이 우리에게 해 주었으면 하는 만큼 모두에게 해 줄 것이다. 그 밖에 다른 길은 없다. 현명한 사람이라면 신의 의지와 목적에 부합하는 유일한 길로 여겨지는 것을 보고, 듣고, 배운 뒤에 따를 것이다. 그러니 신은 선(善)하기에 어떤 악의도 없음을 모두가 알라.

# 30

# 특이한 체험

**UNUSUAL EXPERIENCE**

공급(supply)이란 어떤 것인지 그 참모습을 보여
주는 과정에서 기이한 감정 경험이나 심령 체험을
할 필요는 전혀 없다. 설렘이나 전율 같은 것을
느껴야만 하는 것도 아니다. 그런 체험을 하는
경우가 있는 것도 사실이다. 그러나 잊지 말아야 할
점은 우리가 나구는 것은 법칙이이서 우리가 법칙의
본성에 따라 올바르게 법칙을 이용하기만 하면
법칙은 법칙답게 우리 뜻을 따른다는 사실이다.

우리는 어떤 것을 말하여 '마음'에 넣는 일을 하고 있다. 그러다가 *그것이 존재한다*는 인상과 *그것이 이루어졌다*는 인상이 우리 마음속에서도 뚜렷해지면, 그것에 최선을 다해 활기를 불어넣은 끝에 우리가 손댈 일이 외부 현실로 나타날 때가 된다.

많은 사람들은 말한다. "법칙이 작용할 때 어떤 느낌이 있었으면 좋겠습니다." 이런 생각은 생명에 물리적 이유를 부여하려는 시도이며, 전부 오해다. 우리가 정말로 느껴야 할 것은, 신은 모든 것이며 선하기에 우리가 좋은 것만 가지길 원한다는 점이다. 이 점을 느끼며 우리는 우리를 위해 이미 만들어진 것을 받아들여야 한다.

이렇게 선한 '아버지'를 대하는 자세는 끊임없이 감사드리는 것이라야 한다. 진실의 힘을 입증하는 일에 들어가면 이 감사의 마음가짐을 항상 유지하게

될 것이다. 우리는 확실한 것을 다루고 있으므로
그에 대해 긍정적으로 확신하고 결과가 외부에
나타나기만을 기다리면 된다는 사실을 알라. 그런
후 각자의 분별력이 알려 주는 대로 행하라. 그
분별력은 우리를 통한 '신'의 생각이기 때문이다.


우리는 갈수록 곤경에서 벗어나 자유에 이를
것이다. 자유는 살아 있는 모든 영혼이 타고난
'신성한' 권리다. 바라는 바만을 바라보고 원치 않는
것에는 절대 눈 돌리지 말고 계속 앞으로 나아가라.
절대적인 받아들임 속에서 우리의 생각 대부분이
머무는 곳, 승리는 항상 그곳에 있을 것이다.

# 31

# 시각화

**VISUALIZING**

생각하는 전부를 시각화하는 사람도 있고,
시각화할 능력이 없으면 시현이 불가능하다고
여기는 사람도 많다. 이는 사실이 아니다. 어느
정도의 비전(vision)은 필요하지만, 우리가 다루는
힘은 씨를 뿌리면 언제나 작물을 내놓는 대지의
흙과도 같다는 사실을 잊지 말아야 한다.

대지에서 거두고자 하는 작물을 한 번도 본 적
없더라도 상관없다. 우리의 생각이 씨앗이고
마음이 토양이다. 우리는 항상 심고 거둔다.
우리는 거두고 싶은 작물을 심기만 하면 된다.

이해하기 힘든 내용은 하나도 없다. 빈곤을
생각하면서 동시에 풍요를 시현할 수는 없다.

시각화하고 싶은 사람은 해도 된다. 바라는 바를
완전히 소유한 자신의 모습을 볼 수 있고 자신이
받고 있음을 확신할 수 있는 사람이라면 시현해
낼 것이다. 시각화를 하지 않는 사람의 경우에는
그저 원하는 바를 언명하고 그것을 가지고 있다고
전적으로 믿으면 같은 결과를 얻을 것이다.

우리는 언제나 법칙을 다루고 있으며 이렇게
하는 것만이 무언가를 존재하게 할 수 있는

유일한 길이라는 사실을 기억하라. 이 사실에
대해서는 왈가왈부할 필요가 없다. 이에 대해
따지는 것은 아직 진실을 확신하지 못하고
있음을 보여 줄 뿐이다. 확신하는 사람은 따지지
않는다. 확신 속에 평화롭게 휴식하라.

# 32

# 시현이 일어나는 곳

**WHERE DEMONSTRATION TAKES PLACE**

시현(demonstration)이 일어나는 곳은 환자일까,

치료자일까, 아니면 신의 마음속일까? 한번 살펴보자.*

우리가 있는 곳은 신의 마음속이니 시현은 분명 신의

---

* '새 생각(New Thought)' 사조의 창시자들은 병이 나았다고 상상하니 실제로 치유가 일
  어났던 현상들을 연구하여 인간의 생각에 현실 구현 능력이 있다는 사실을 발견했고,
  나아가 동일한 메커니즘으로 세상에서 성공을 할 수도 있다는 사실을 밝혀냈다. 그래서
  성공을 다룰 때도 치유의 예를 들 때가 많다. ─ 옮긴이

마음속에서 일어나는 것이다. 그러나 환자도 신의

마음속에 있다. 안 그러면 두 마음이 존재하게 되기

때문이다. 그러니 시현은 분명 환자의 마음속에서도

일어나는 것이다. 그러나 그 마음 또한 '신'의 마음이니

시현이 어디에서 일어나는지는 중요하지 않다. 우리는

생각을 멀리 쏘아 보낼 필요가 없다. '마음'은 바로 곁에

있으며 우리를 떠나는 법이 없기 때문이다. 우리가

할 일은 내면에서 확신하는 것뿐이어서, 전적인

확신이 들 때 우리는 비로소 시현을 한 것이다.


치료자의 입장에서는 치료자 자신을 확신시키는

일만 하면 된다. 이것이 치료자가 할 일의 시작이자

끝이다. 나머지 일은 존재하는 힘이 맡아서 한다.

이렇게 하는 것이야말로 차원 높은 힘을 믿는

최고의 자세다. 또한 믿음이 클수록 힘이 쉽게

존재하고 우리는 기도에 대한 응답을 빨리 받는다.

우리에게 어린아이 같은 단순한 믿음만 있어도 그 믿음은 결과를 가져온다. 그러나 법칙의 작동 방식을 어느 정도 알면 우리의 믿음은 더욱 커질 것이다. 이해를 통해 획득한 믿음은 아주 강력해서 모든 생각마다 예외 없이 긍정적인 답을 얻게 된다. 성공할 때마다 우리는 강인해져서 원한다(*hope*), 믿는다(*believe*)고 말할 필요도 없이 그냥 나는 안다(*I know*)고 말할 날이 올 것이다.

# 2부

# 실습

## PRACTICE

# 33

# 법칙 적용

**TREATMENTS**

법칙을 적용하는 법에서 가장 중요한 것은 할 수 있다고
전적으로 믿는 것이다. 그리고 우리의 말이 진정한
창조의 힘에 닿으면 힘은 즉시 받아들여서 그에 따라
작동에 들어간다는 사실을 믿으라. 아울러 이 힘이
무슨 일이든 할 수 있다는 사실을 느끼라. 이 힘은
자기의 힘을 안다. 하고 싶은 대로 할 수 있음을 알며,
그 외에는 아무것도 알지 못한다. 이런 힘이 우리의
생각이 부여하는 인상을 받아들여 그에 따라 행한다.

일어나길 바라지 않는 일에 법칙을 적용하는 것은
결코 안전하지 않다. 이는 우리 스스로 기꺼이
받아들일 만한 일이 아니라면 남에게도 일어나길
바라서는 안 된다는 것을 의미하기도 한다.


우리의 말에 따라 '전능한 힘'이 행하도록 되어 있음을
믿으라. '힘'의 위대한 실상을 느끼라. 우리가 '힘'에다
말하는 모든 것 속에서, 모든 것을 통해서 느끼라. 우리를
위해 '힘'이 해 주길 바라는 바를 명확히 선언하고,
혹시나 지시대로 하지는 않을까 결코 의심하지 말라.


치료자가 할 일은 치료자 자신을 납득시켜 확신하고
믿는 것뿐이며, 그러면 그가 언명하는 그 일이 그에게
일어날 것이다. 따라서 우선적으로 중요한 일은
명확해지는 것이다. 즉 바라는 바의 정신적 닮은꼴을
갖는 것, 원하는 바를 정확히 아는 것이다. 정신적
닮은꼴을 갖는 것은 원하는 바가 지금 존재함을

전적으로 받아들이는 것으로, 결코 소홀히 해서는 안
되는 일이다. 정신적 닮은꼴 없이는 성취할 수 없다.


우리의 영혼이 휴식을 취해 세상, 그리고 우리 자신과
화목하게 하라. 그리고 우리가 실재하는 어떤 것, 실패를
모르는 어떤 것을 다루고 있음을 깨달으라. 원하는
바의 명확한 개념을 얻기 위해 노력하라. 그리고
개념의 실감 속에서 휴식하라. 그러는 동안 '우주적인
창조의 힘'이 개념을 받아들여 그에 따라 행한다.


원하던 바가 그대로 이루어졌다고 언명하라. 믿으라.
받았다고 믿으라. 확언한 사실을 다시는 부정하지 말라.
이렇게 할 수 있는 사람은 반드시 결과를 얻는다.

# 34

## 이해력과 인도

**UNDERSTANDING AND GUIDANCE**

우리의 내면은 이해력 있는 '무한'에 언제나 즉각

연결된다. 우리는 살아 있는 지능 속에 잠겨 있다.

우리는 지능이 있는 '힘'에 에워싸여 있다. "우리는 그분

안에서 살며 움직이며 존재한다."(사도행전 17:28)

외부 현실에 대한 생각에 전혀 혼란이 없으면 우리는

언제든 이 '무한한' 지식의 원천에서 끌어당길 수

있다. 그리고 '그것'의 인도를 받아 절대 실수하지
않는다. 우리의 마음은 호수의 잔잔한 수면처럼
바람과 풍랑으로 흐트러지지 않을 것이다.

그러나 우리는 대부분 그렇지 못하다. 외부 현실로
혼란스러워진 나머지 마음의 표면이 혼란에 빠져
냉철함과 명료함을 잃은 상태다. 그래서 명확한
비전을 얻지 못하고 현실적인 인도를 받지 못한다.
또한 명확히 보지 못하는 탓에 일을 그르친다.

이해력 개발이란 '무한한' 이해력에서
끌어당기는 법을 배우는 것이다. 그러나 생각이
혼란스러우면 결코 그렇게 할 수 없다.

이해력을 키우고 싶다면 가장 먼저 할 일은 내면의
목소리에 가만히 귀 기울이고, 잠시 영혼의 침묵 속으로
침잠해 우리가 이미 알고 있던 바를 떠올리고 더 큰

지능이 그 앎을 키워 주고 있다고 실감하는 것이다.

생각으로 그리고 있던 도면을 영혼의 침묵
속으로 떠올리라. 그리고 새로운 빛을 청하고
받아들이라. '신성한 빛' 속에 그 도면을 치켜들고
인도받는다는 믿음을 가지려 노력하라. '지고의
지능'과 '절대적인 힘'이 우리 생각에 따라 일을
진척시켜 주고 있다고 언명하라. 이제 우리는
지고의 인도를 받아 결코 실수하지 않을 것이다.
'지극히 높은 분'의 '비밀 장소(Secret Place)'에
가만히 있으면서 '전능'의 그늘에 머물라.

# 35

# 할 일을 정확히 알아내는 법

**HOW TO KNOW JUST WHAT TO DO**

우리는 종종 일을 어떻게 시작하면 좋을지 몰라
곤란에 부닥뜨린다. 원하는 일이 무엇인지 확신하지
못한다. 일을 시작할 길을 찾지 못한다. 손댈 만한
일거리를 찾지 못한다. 이런 입장에 처한 상태라면,
쉽게 말해 어찌할 바를 모르겠다면, 그 어느 때보다도
조용히 귀 기울여 보라. 만물을 출발시킨 것과 동일한
힘이 우리를 바른길에서 출발시켜 줄 것이라고

그 어느 때보다 믿으라. 그러한 우월한 힘이
없다면 우리는 실패할 것이 분명하기 때문이다.


사업을 하는 사람들은 이런 상황에 놓일 때가 무척
많다. 뭔가 해야 한다는 것은 알겠지만 대체 뭘 해야
할까? 어떻게 하면 아이디어가 나올 수 있을까?


이럴 때는 서둘지 말고, 처음에 우주를 생각해
존재하게 만든 힘이 우리의 세계와 우리의 일도 생각해
존재하게 만들 수 있음을 알아야 한다. 이 힘은 모든
것을 안다. 이 힘은 어떻게 시작해야 하는지 알고
있으며 실패하는 법이 없다. 결코 우리를 실망시키지
않을 이 힘과 어떻게든 연결되기를 바라라. 이 힘에서
우리는 시작에 필요한 아이디어를 끌어당길 수 있다.


우리에게 응답하여 우리가 바라는 바를 현실로
나타내고 싶어 하는 무언가가 존재한다는 사실을

실감하고, 그 실감 속에서 아이디어를 기다려야
한다. 처음에는 떠오르지 않을지도 모르지만
인내심을 발휘해 절대 의심하지 않고 믿음 속에서
기다리면 정말로 아이디어가 나올 것이다.


내가 알던 어느 사업가가 경영하던 회사는 내내
성공가도를 달렸다. 하지만 그러다가 어떤 일이
터져 계속 손해를 보게 되었다. 일 년 넘게 그런
상황이 이어지면서 사정은 점점 더 악화되었다.
그대로 가다가는 망할 수밖에 없었다. 그때 그는
'새 생각(New Thought)'에 관심을 갖게 되었다.
그는 '무한'에서 아이디어를 끌어와 눈에 보이는
차원에서 이루어 낼 수 있다는 말을 들었다.


그는 동업자들에게 집에 며칠 머무르며 사업을 다시
성공 궤도에 올려 줄 아이디어를 알아내 돌아오겠다고
말했다. 이해되지 않는 것에 대해 사람들이 흔히

그러하듯 동업자들은 그를 비웃었지만, 그들에게는
달리 계획이 없었기에 그의 계획에 동의했다. 그는
사흘간 집 안에 앉아 생각 속으로 깊이 들어가
'영'에게 '지고'의 인도와 확실한 안내를 요청했다.
그러는 동안 그의 마음속에서는 사업 추진 방법을
정확히 알려 주는 완벽한 계획이 형성되었다.


그는 돌아가 동업자들에게 계획을 말했다. 동업자들은
또다시 비웃었다. 그런 사업은 안 될 거라고 말했다.
아무리 용써 봐도 안 될 거라고 했다. 전혀 효과가
없을 거라고 했다. 그러나 그의 말을 따르거나
망하거나 둘 중 하나였기에 그들은 또다시 동의했다.


그는 사흘 동안 받은 안내에 따라 세부 계획을 실행에
옮겼고, 일 년도 안 되는 사이에 기울던 사업을 다시
일으킨 것은 물론 이전까지 전혀 경험해 보지 못한
위치에 올려놓았다. 그는 법칙을 입증했을 뿐만

아니라 나중에는 아예 법칙의 전문가가 되어 사업까지
그만두었다. 그리고 자신이 해냈듯이 다른 사람들도
같은 일을 해내도록 돕는 데 모든 시간을 바쳤다.


이 사업가가 한 일은 누구나 할 수 있는 것이다.
그와 동일한 과정을 밟으며 좌절을 거부하면 된다.
어떤 힘이 우리가 인지하기만 기다리다가 우리가
인지하는 순간 믿음직한 안내, 틀림없는 인도로
우리의 생각 속에 문득 떠오른다. '무한'이 언제나
벌리고 있는 두 팔에 기꺼이 안기는 사람들은
가능성에 한계가 없는 광대한 삶을 살아갈 수 있다.


서두르지 말고 귀 기울이라. 그런 뒤에 우리가
생명을 한층 더 완벽하게 시현하는 일로 인도되고
있다는 내면의 확신을 가지고 외부의 일에
들어가라. 우리는 모두 그렇게 할 수 있다.

# 36

## 생각 따르기

**FOLLOWING UP A THOUGHT**

정말로 우리가 올바르게 안내받고 있다고 느끼면, 즉
내면의 무언가가 우리에게 안내받고 있다고 알려 주면,
그 인도가 어떻게 나타나든 그것을 따라야 한다. 우리의
지능을 넘어서는 무언가가 우리를 통해 그 일을 하고
있으니 그와 모순되는 일은 아무것도 하면 안 된다.


인도받은 대로 하자면 인류의 경험에 역행하는

것으로 보이는 일을 하게 될 수도 있다. 그렇더라도
달라질 것은 없다. 발명에 있어서든 여타 어느
분야에서든 발전이란 것은 항상 뭇사람의 경험상
가능하다고 생각하는 선 너머에서 이루어진다.

위대한 사람들은 비전을 얻은 다음 그것을
실현하는 일에 들어간다. 곁눈질하는 법 없이
생각을 한 점에 모으고 차분한 투지를 발휘해서
비전을 성취할 때까지 꿋꿋이 계속한다.

성취하기까지는 상당한 인내심과 굳건한 신념이
필요할지 모르지만, '지고한 존재' 자체의 실상이
그러하듯 종국에는 반드시 이루어진다.

결코 주저하지 말고 내면의 안내를 믿으라. 과연 맞을지
절대 겁내지 말라. 우리는 모두 '지고의 지능' 한가운데에
존재한다. '지고의 지능'은 알아줄 순간만을 기다리며

우리 생각의 문을 두드리고 있다. 우리는 항상 '지고의 지능'에 마음을 열고 '지능'에게서 방향을 지시받아 더욱 큰 진실로 인도될 준비가 되어 있어야 한다.

# 37

# 단일한 생각의 흐름

**THE SINGLE STREAM OF THOUGHT**

모든 것은 '마음' 속에 있으며, 생각한 것을 '마음'에
넣으면 받아들여 이루어진다. 즉 우리의 생각대로
이루어진다. 하루는 이 생각을 했다가 그다음 날
생각을 바꾼다면 바라는 결과를 얻으리라 기대할 수
없다. 우리는 매우 명료하게 생각하여, 우리 상황에서
현실로 나타나기를 바라는 생각들만 내보내야 한다.

한 가지 기억해 둘 만한 점이 있다. 같은 생각을 하는
사람들과 일할 수 없다면 차라리 혼자 일하는 편이 낫다.
강력하지만 서로 어긋나는 흐름들보다는 단일한 생각의
흐름이 설사 강력하지는 않더라도 우리에게 더 많은
일을 해 준다. 다시 말해, 서로 조화를 이루는 사람들과
일한다는 확신이 들지 않는다면 혼자 일하는 편이 낫다.


우리는 물론 사람들과 의견이 다르다는 이유만으로
사업에서 물러날 수는 없다. 하지만 속으로
우리의 생각을 유지할 수는 있다. 세상에서
떠나 있어야만 생각을 제어할 수 있는 건
아니다. 하지만 세상 한가운데에 머물며 다른
사람들이 어떻게 생각하든 개의치 않고 원하는
생각을 유지하는 법을 익힐 필요는 있다.


단일한 생각의 흐름을 날마다 내보내 '창조하는 마음'에
넣으면 기적이 일어날 것이다. 이를 실천하는 사람은

일 년 안에 자기 삶의 상황을 완전히 바꿀 것이다.

그 실천법은 생각하는 일에 매일 시간을 내서 자신이
원하는 바를 정신적으로 정확하게 보는 것이다. 바라는
바를 정확하게 보라. 그리고 이제 그것이 이루어졌다고
확언하라. 언명한 바가 사실이라고 느끼려 노력하라.

말과 확언은 생각에 형상을 부여할 뿐 창조하지는
않는다. 창조하는 것은 느낌이다. 말에 느낌을
강하게 담을수록 상황에 대해 말이 갖는 힘도
커진다. 이렇게 하면서 상황은 결과에 불과한
것으로 여기라. 우리의 생각에 따라오는 것으로
여기라. 상황은 우리의 생각을 따를 수밖에 없다.
이것이 모든 창조가 현실로 나타나는 과정이다.

매 순간 생각과 힘의 거대한 흐름이 나를 통해
작동하고 있음을 정신적으로 실감하면 큰

도움이 된다. 이 흐름이 끊임없이 '마음'으로
들어가면 '마음'이 받아서 그에 따라 작용한다.


우리가 할 일은 생각의 흐름이 원하는
곳을 정확히 향하도록 하는 것이다. 아울러
우리는 행동하려는 충동이 들 때 즉시 움직일
수 있도록 준비하고 있어야 한다.


부정적인 행동은 금물이며 항상 긍정적으로 행동해야
한다. 우리는 결코 실패하지 않는 무언가를 다루고 있기
때문이다. 우리는 실감하는 데 실패할 수도 있지만
힘은 그 본질이 '무한'해 결코 실패하지 않는다.


우리는 목적을 이루기 전까지 절대 멈추지 않을
생각의 흐름을 '절대(Absolute)' 속에서 일으킨다.
이를 느끼려 해 보라. 위대하고 유일한 힘을 사용할
권리가 주어질 때 느끼는 엄청난 환희에 차 보라.

생각을 또렷이 유지하고, 일이 어떻게 진행되든 절대 걱정하지 말라. '마음' 속에서 작업할 때는 모든 외부 상황을 놓아 버리라. 일이 만들어지는 곳은 '마음' 속이며, 이 '마음' 속에서 창조가 진행 중이고, 지금도 '마음'이 우리를 위해 무언가를 만들고 있기 때문이다. 이 사실을 그 어느 때보다 믿어야 한다. '마음'이 위대한 실상임을 알아야 한다. '마음'을 유일한 '존재'로 느껴야 한다. 이 외의 다른 방법으로는 결코 성취할 수 없다.


'무한'이 아무리 우리에게 주고 싶어 하더라도 우리가 받아야만 줄 수 있으며, 그 받아들임은 정신적인 일이다. 이야기를 듣고 사람들이 비웃더라도 아무 상관이 없다. "최후에 웃는 자가 제일 크게 웃는다." 우리는 "우리가 믿는 바"를 확신하기만 하면 된다. 그것으로 충분하다.

우리는 물론 사람들과 의견이 다르다는 이유만으로

사업에서 물러날 수는 없다.

하지만 속으로 우리의 생각을 유지할 수는 있다.

세상에서 떠나 있어야만

생각을 제어할 수 있는 건 아니다.

하지만 세상 한가운데에 머물며

다른 사람들이 어떻게 생각하든 개의치 않고

원하는 생각을 유지하는 법을 익힐 필요는 있다.

# 38

# 생각 키우기

**ENLARGING OUR THOUGHT**

우리는 생각 속에서 가만히 있을 수가 없다. 더
나아가거나 되돌아가거나 둘 중 하나다. 무언가를
끌어당기려면 먼저 정신적 닮은꼴을 품어야
하니, 더 큰 것을 끌어당기고 싶으면 더 큰 생각을
내놓아야 한다. 이렇게 의식을 확장시키는 일은
아무리 강조해도 부족할 만큼 필수적이다.

사람들은 대개 조금 나아간 후 멈춰 버린다. 이런 이들은 일정 수준 이상을 넘으려 하지 않는 듯 보인다. 어느 정도는 할 수 있지만 그 이상은 못 한다. 사업하는 사람이 일정 실적 이상은 달성하지 못하는 이유가 뭘까? 각계각층의 사람들이 어느 정도 이루고는 절대 그 이상 넘어가지 못하는 모습을 많이 본다. 모든 일에는 이유가 있게 마련이다. 이유 없이 일어나는 일은 없다. 법칙이 모든 것을 지배하므로 우리가 내릴 수 있는 결론은 하나다.

어떤 일 이면의 정신적인 이유를 살펴보면 왜 그런 일이 벌어졌는지 알아낼 수 있다. 어느 정도만 나아가고 절대 그 수준을 넘지 못하는 듯 보이는 사람도 당연히 법칙의 지배를 받는다. 그런 사람이라도 생각이 이끄는 대로 더 큰 활동 무대로 나아가면 생각에 걸맞은 수준의 상황을 만날 수 있다. 생각 키우기를 멈추면 성장도 멈춘다. 그가 생각 속에서 더욱더 크게 실감하기를 계속하면, 어느새 눈에 보이는 형태로도 더 큰 일을 하고 있게 된다.

사람들이 더 큰 일을 생각하길 멈추는 이유는 여러 가지다. 그중 하나는 상상력 부족이다. 그런 이들은 이미 벌어진 일 이상을 상상하지 못한다. 또 이런 생각을 하는 이들도 있다. "누구도 이 분야에서 이 이상은 할 수 없을걸." 하지만 그런 사람은 바로 그 지점에서 스스로 사형 선고를 하는 셈이다.

이렇게 얘기하는 사람도 흔하다. "난 너무 늙어서 더 큰일을 하는 건 불가능해." 그런 사람은 거기에서 멈춘다. 또 어떤 사람은 이렇게 말한다. "경쟁이 너무 치열해." 그러면 거기가 그 사람의 끝이다. 사람은 생각이 이끄는 만큼만 갈 수 있다.

이런 불필요한 생각을 하지 않으려면 삶이란 다름 아닌 '의식'이며 상황은 거기에 따라올 뿐이라는 사실을 깨달아야 한다. 그러면 계속해서 앞으로 나아가지 않거나 성장을 멈출 이유가 없어진다.

삶이 곧 생각이라면 우리는 나이나 환경과 관계없이
계속 더 큰 것을 생각할 수 있다. 이미 잘 하고 있는
사람이라도 더 나은 상황을 상상하지 말라는 법은 없다.


우리가 이미 활동적인 사람이라면 어떨까? 그렇더라도
언제나 더 크게 활동할 수 있다. 앞서 이루어진 일보다
조금 더 나아간 것을 바라볼 수 있다. 그렇다. 단지
이전의 생각보다 조금만 더 나아가는 것이라 할지라도
우리는 더 크게 활동하고 바라보아야 한다. 항상 이렇게
실천하면 달마다 발전하고 해마다 성장할 것이다.
그리하여 시간이 지남에 따라 정말 위대해질 것이다.


'무한'한 힘에 멈춤이란 없으므로, '무제한'에
경계선 같은 것은 없으므로, 우리는 삶에서 더 크고
위대한 가능성을 보기 위해 계속 노력해야 한다.


우리는 생각을 키우기 위해 날마다 확실히 노력해야

한다. 매일 찾아오는 고객이 오십 명이라면 육십
명이 찾아온다고 믿기 위해 노력해야 한다. 그렇게
해서 육십 명이 찾게 되면 정신적으로는 칠십
명을 보아야 한다. 이 일을 멈추어서는 안 된다.
마음 안에는 멈춰 설 장소가 존재하지 않는다.


그 밖의 모든 것은 놓아 버리고, 생각에서 지우라.
그리고 이제껏 이루어진 어떤 일보다도 큰일이
다가오고 있다고 정신적으로 보라. '마음'이 그 일을
자리 잡아 주고 있음을 믿고 평상시대로 일에 임하라.
절대로 한계를 되새기지 말라. 절대 한계에 대해
깊이 생각하지 말고, 무엇보다 누구와도 절대 한계에
대해 이야기하지 말라. 이것이 유일한 방법이다.
생각을 더 크게 키울 수 있는 다른 방법은 없다.


큰 생각을 하는 사람이 큰일을 하는 법이다.
생각할 수 있는 가장 큰 것을 찾아내 나의

것이라 주장하라. 정신적으로 그것을 보고 이미
이루어진 일로 간주하라. 그러면 삶에는 한계가
없음을 스스로 증명할 수 있을 것이다.

# 39

## 항상 거두어들이라

**ALWAYS BE GATHERING**

공연히 멈춰 설 이유는 없다. 이는 욕심 사납게 더욱더
많이 그러모아야 한다는 뜻이 아니라,
점점 더 거두어들일 수밖에 없도록 생각을 키워야
한다는 뜻이다. 한 손으로는 거두어들이고
다른 손으로는 계속 나누어 주더라도 생각을
키워야 한다. 사실 우리가 소유하는 유일한 이유는
우리가 소유한 것을 나누어 주기 위해서다.

아무리 큰 것이 생겼다 해도 더 많은 것을 기대해야
한다. 마침내 도달했다고 생각될 때조차도 그래야
한다. 우리가 감당할 수 있는 만큼 '생명'이 다 준 듯한
순간에도 그래야 한다. 그 순간에 갖고 있는 것도
더 큰 것을 향한 출발점에 불과한 것으로 여기라.

아무리 큰 그림을 마음속에 품었더라도 더 크게
키우라. 많은 이들이 어느 순간부터 성장을 멈추는
지점에 이르는 것은 마음속에서 성장을 멈추기
때문이다. 그런 이들은 더 이상 볼 수 없는 지점에
다다르면 이미 큰일을 이루었으니 거기서 멈춰야
한다고 생각한다. 우리는 생각을 잘 관찰하여 멈춰
서려는 조짐이 있는 것은 아닌지 살펴야 한다.

우주에서는 그 무엇도 멈추는 일이 없다. 만물은
무궁무진한 원천에서 끌어당겨져, 현실로 나타나지
않은 생명의 '무한한' 바다에서 나와, 끝없이 넓은

토대 위에 세워진다. 우리는 생각을 하고 말을 해서 생명에 넣은 모든 것을 생명으로부터 끌어당긴다. 생명은 언제나 무궁무진하므로 정신적으로 상상을 할 수 있는 한 우리에게 한계는 없다. 그러므로 우리는 그 무궁무진한 원천에서 더욱더 많이 끌어당겨야 한다.

# 40

## 정신적 닮은꼴

**MENTAL LIKENESS**

우리는 생각을 해서 '무한'에 넣는 만큼만 '무한'에서
끌어당길 수 있다. 이 부분에서 실패하는 사람이 아주
많다. 그런 사람들은 원하는 바를 확언하는 일만
하면 결과가 따를 것이라고 생각한다. 확언에 힘이
있는 것은 사실이지만, 우리가 말을 해서 확언에
불어넣는 만큼만 힘이 있는 것 또한 사실이다.

알지 못하는 말을 할 수 없듯 스스로 납득하지 못하는 확언을 할 수는 없다. 진실로 아는 것만 진정으로 확언할 수 있다. 몸소 경험한 사실은 진실이라는 걸 알기 쉽다. 이것이 맞네 저것이 맞네 하는 말을 들었거나 읽었더라도, 우리 영혼 속의 무언가가 그 말에 담긴 진실에 호응하거나 그 진실을 인지할 때에만 그 말은 우리에게 진실이다.

이 점을 절대 간과해서는 안 된다. 확신하는 것만 효과적으로 확언할 수 있으며, 스스로 되어 있는 바만을 확신할 수 있다. 그렇기 때문에 우리는 삶에 대한 더 큰 생각, 우리 자신과 관련된 더 큰 발상, 우리가 살고 활동하고 존재하고 있는 '우주'에 관한 더 확장된 개념을 우리 내면에 제공해야 한다. 나 자신의 개념을 더욱 크게 키우고, 우리가 살고, 움직이며, 존재를 유지하는 '우주'의 개념도 더욱 확대해야 한다. 이는 내적으로 성장하는 일이자 생각과 활동의 경계를 전면적으로 확장하는 일이다.

정말로 가치 있는 일을 하고 싶으면 정신적으로
성장해서 우리 자신이 그 일, 실현된 모습을 보고
싶어 하는 그 일 자체가 되어야 한다. 이렇게
되기까지는 시간이 필요할 수도 있지만 우리 자신의
발전에 필요한 시간은 항상 기꺼이 써야 한다.

그러나 한계 속에 있는 사람치고 풍요의 정신적
닮은꼴을 갖고 있는 이는 별로 없다. 정신적 닮은꼴이
반드시 필요하다. 생각의 크기부터가 바라는
바를 전부 망라할 만큼 커야 한다. 작은 생각은
작은 것만을 만들어 낸다. 모든 것이 '마음'이라는
사실 자체가 이 말이 참임을 입증한다.

모든 것은 '마음'이며, 그렇기 때문에 우리는 먼저
생각해서 마음에 넣은 것만 마음에서 끌어당겨 현실이
되게 할 수 있다. 우리는 우리가 원하는 그것이 되어야
한다. 그것을 보고, 생각하고, 실감할 때 비로소 '마음'의

창조하는 힘이 우리를 위해 그것을 이루어 낼 수 있다.


이것이 의식 확장의 내적 과정이다. 중요한 것은
내면에서 생각이 커져 실감하는 것이다. 원하는
사람은 모두, 그리고 시간을 들여 수고할 사람은
모두 이렇게 할 수 있지만 노력이 필요하다.
대다수 사람들은 게을러서 노력하지 않는다.


원하는 경험만 바라보도록 날마다 생각을 단련해야 한다.
우리는 평소에 되새기는 생각대로 성장하므로 작고
시시한 생각이나 발상은 모두 생각에서 몰아내고, 더욱
큰 시각에서 상황을 보아야 한다. 정신적 지평을 넓히는
습관을 길러서 나날이 더욱더 먼 곳을 보며, 더욱더
크고 위대한 일을 나날의 생활 속에서 경험해야 한다.


생각의 크기를 키우는 데 좋은 연습은 좀 더 큰
곳에서, 좀 더 활기차게, 영향력과 힘을 갖추고

있는 자신의 모습을 날마다 보는 것이다. 온갖

것들이 우리를 향해 끌려오고 있다고 더욱더 느껴

보라. 훨씬 많은 것들이 바로 앞에 있는 모습을

보라. 우리가 보는 모든 것, 우리가 느끼는 모든

것을 이제 갖고 있다고 최대한 확신하라.

나는 더 큰 그것이라고 확언하라. 나는 이제 더 큰 그

삶에 들어섰다고 확언하라. 내면의 무언가가 내게 더

많은 것을 끌어당기고 있다고 느끼라. 발상과 함께 살며

그것이 커지게 하라. 그러면서 가장 크고 가장 좋은 일만

생기길 기대하라. 작은 생각은 절대로 마음에 들이지

말라. 그리하면 머지않아 더 크고 더 위대한 경험이

우리 삶에 찾아오고 있음을 알아차리게 될 것이다.

알지 못하는 말을 할 수 없듯

스스로 납득하지 못하는 확언을 할 수는 없다.

진실로 아는 것만 진정으로 확언할 수 있다.

몸소 경험한 사실은 진실이라는 걸 알기 쉽다.

이것이 맞네 저것이 맞네 하는

말을 들었거나 읽었더라도

우리 영혼 속의 무언가가

그 말에 담긴 진실에 호응하거나

그 진실을 인지할 때에만

그 말은 우리에게 진실이다.

# 41

# 사물을 마음에 품기

**KEEPING THE THING IN MIND**

정신적 이미지가 현실로 나타나기 전까지 결코 놓아
버리지 말라. 날마다 원하는 그림을 명확히 떠올리고,
이미 이루어진 사실로 마음에 새기라. 이루고 싶은 것에
대한 생각을 마음에 새기면 마음도 같은 생각을 '우주적
마음'에 새긴다. 이 방법으로 끊임없이 기도해야 한다.


원하는 비를 얻으려면 그것에 대한 생각을 끊임없이

붙들어야 하는 것은 아니다. 내면에서 우리 자신이
우리가 원하는 그것이 된다는 생각을 붙들어야 한다.
하루에 두 번 15분씩 생각하는 것만으로도 원하는 바를
충분히 시현할 수 있지만, 그 외의 시간도 건설적으로
사용해야 한다. 다시 말해 모든 부정적인 생각을
멈추고, 모든 그릇된 생각을 집어치우고, 그 일이 나에게
이루어졌다는 실감을 굳게 유지해야 한다. 우리가
'우주'에 존재하는 유일한 힘을 다루고 있다는 사실을
알라. 그 밖의 어떤 힘도 존재하지 않으며 우리는 그 힘의
본성과 법칙을 공유하고 그 안에 머물고 있음을 알라.


우리가 내보내는 말의 이면에는, '힘'에다 말하는
능력이 우리에게 있고 '마음'이 기꺼이 우리를 위해
그 말대로 실행하리라는 차분한 확신이 늘 있어야
한다. 영적 활동이 이루어지는 보이지 않는 세계에
대한 확신과 신뢰가 서서히 커져야 한다. 이는 어려운
일이 아니어서 이 점만 기억하면 된다. '영'이 자기
자신을 가지고 사물을 만들어 내는 방법은 그냥 스스로

그 사물이 되는 것이며, '영'을 저지할 수 있는 다른
힘은 있을 수가 없기에 이 방법은 항상 통한다. '영'이
선(善)하며 언제나 응답한다는 사실을 믿어 의심치
않으면 '영'이 우리를 실망시키는 일은 결코 없을 것이다.


'신'이 우리를 위해 존재하기에, 그 무엇도 우리를
거스를 수 없다는 사실을 깨달으면, '삶'은 웅장한
노래가 된다. 우리는 그저 생존하는 데 그치지
않을 것이다. 진정으로 살아갈 것이다.

# 42

# 경험하고 싶지 않은 생각은
# 모두 없애라

**DESTROY ALL THOUGHTS THAT WE
DO NOT WISH TO EXPERIENCE**

자신이 '진리의 아들'이라는 의식이 생기면 그 의식을

결연히 맞이해야 한다. '유일한 힘'에만 의지하여

적을 무찌르고 싸움터는 '신' 또는 '선(善)'에게

넘겨야 한다. 어떤 식으로든 부정적인 것은 모두

닦아 내고, 나날이 더욱 차원 높은 생각으로 들어가,

실생활의 먼지와 혼란을 털어 내야 한다.

'모든 존재'를 낳은 '위대한 원인'과 교감하는 영혼의
침묵 속에서, '절대'의 고요함 속에서, '지극히
높은 분'이 계신 비밀 장소 안에서, 삶의 소음, 그
끊임없는 아우성의 이면에서 우리는 진정한 영적
힘과 안식이 있는 장소를 발견할 것이다.


이 내적 고요함 속에서 이렇게 말하라. "나는 '전능'과
하나다. 나는 모든 생명과 하나이며, 모든 힘과
하나이며, 모든 존재와 하나다. 생명과, 힘과, 존재와
하나다." 고요함에 귀 기울이라. 그러면 공(空)처럼
보이는 곳에서 나온 평화의 목소리가 답을 기다리는
영혼에게 말할 것이다. "다 잘되고 있다.(All is well.)"


이때 모든 필요와 바람을 알리고, 삶의 건강과 행복과
조화에 필요한 모든 것을 '무한'으로부터 직접 받으라.
이 지점에 이르는 이가 별로 없는 것은 그 신념이
상황과 환경에 지배를 받기 때문이다. 신의 법칙

외에는 어떤 법칙도 없다는 사실을 알라. 영혼의
법칙은 '무한' 속에 자리 잡고 있으며 '아버지 마음'은
우리의 가장 작은 바람도 존중한다는 사실을 알라.


날마다 진실을 실천하고, 날마다 그릇된 생각을 모두
없애라. '지극히 높은 분'의 존재를 받아들여 실감하는
시간은 늘리고, 걱정하는 시간은 줄이라. 힘의 존재를
믿게 되어 힘을 신뢰하는 사람에게는 경이로운 힘이
생길 것이다. 힘의 존재를 믿고 신뢰하는 사람은
경이로운 힘을 맞이하게 될 것이다. 모든 선한 것과 모든
신, '모든 생명'과 '모든 힘'이 우리와 함께함을 알라.
그리고 다시는 "두렵다."고 하지 말라. 항상 "그분의
존재를 믿고 그분을 알기에, 신뢰한다."고 하라.

# 43

# 번영 실습

**DIRECT PRACTICE FOR PROSPERITY**

전국에 광고물을 발송해 제품을 파는 통신 판매
사업을 하고 있다고 해 보자. 광고물을 손에 들거나
머릿속에 떠올린 후 광고물을 보낸 목적이 이루어질
것이라고 유일한 '마음'에 선언하라. 광고물에 적은
문구기 모두 긴실이며 거기에 신념이 담겨 있다고
확신하라. 광고물이 모두 목적지에 도달하여 사람들이
반갑게 받아들고 흥미롭게 읽는 모습을 보라.

지금 그렇게 되었다고 선언하라. 진실로 그렇게 느끼라.
각 광고물이 원하는 사람, 그것으로 이익을 얻을 사람을
정확히 찾아가리라고 마음속으로 가정하라. 각 광고물이
'영'의 보살핌을 받고 있다고 느끼라. 광고물이 진실과
힘의 전령이며, 확신과 실현을 나른다고 느끼라.


우리가 어떤 말을 하면 '마음'이 즉시 그 말을
받아서 그 말에 따라 틀림없이 행한다고 항상
느끼라. 창조의 체계에서 우리가 맡은 역할은
이 사실을 알고 서두름도 걱정도 없이 할 수 있는
모든 일을 기꺼이 하며, 무엇보다 '영'이 그 나머지를
해 줄 것임을 절대적으로 신뢰하는 것이다.


가장 위대한 시현을 하는 사람은 가장 또렷이 보고
가장 철저히 믿는 사람이다. 다름 아닌 우리가 그
사람이어야 한다. 그리고 우리가 그 사람이 될
것이다. 그릇된 생각은 사라지고 하나의 힘과

하나의 존재만 있다는 실감이 오기만 하면 된다.


우리는 '무한한 사랑과 지능'에 감싸여 있다. 그러니 우리는 이 '무한한 사랑과 지능'을 방패 삼아 모든 악으로부터 보호받아야 한다. 우리의 말은 존재하는 모든 '힘'의 현존이자 활동이라고 선언하라. 그리고 이 완벽한 생각이 현실로 펼쳐지길 기다리라.

# 44

# 집단의식

**RACE CONSCIOUSNESS**

우리가 더 큰 번영을 시현하지 못하도록 가로막는

큰 장애물 중 하나가 이른바 집단적 사고 또는

집단의식이다. 이는 한 집단이 생각하고 믿어 온 모든

것이 빚어낸 결과다. 우리 모두는 집단의식에 젖어

있는데, 수용적인 사람들은 아예 집단의식에 지배된다.

모든 생각은 저항이 제일 적은 쪽으로 시현되려

한다. 부정적 마음가짐이나 두려움에 빠지면 그런
유의 생각과 상황을 끌어당긴다. 우리는 확신에
차 있고 긍정적이어야 한다. 공격적이지는 않되
전적인 확신 속에 즉시 움직일 태세를 갖추고 있어야
한다. 부정적인 사람들은 언제나 부정적인 상황에
처한다. 쉽게 곤경에 빠진다. 긍정적인 사람은
긍정적인 것만 끌어당긴다. 그들은 항상 성공한다.


생각의 법칙이 엄연한 현실이며, 생각이 사물을
만들어 낸다는 사실을 깨달은 사람은 소수에
불과하다. 이러한 생각의 힘을 이해하게 된 사람이라면
자신의 생각을 면밀히 지켜보며, 실물로 만들고
싶지 않은 생각은 절대 끼어들지 않게 할 것이다.


마음을 보호하는 방법은 어떤 부정적 생각도 들어올
수 없다고 확신하는 것이다. 이를 실천하려면
매일 이렇게 말한다. "한계에 관한 어떤 집단적

사고도 마음에 들어올 수 없다.” “‘영’이 우리를
둘러싸고 모든 두려움과 한계를 막아 준다.”

모든 힘이 우리 것이며 그 밖의 어떤 것도 침범할 수
없다는 위대한 깨달음으로 무장하자. 집과 사업장의
분위기를 긍정적인 생각의 흐름으로 채우자. 그러면
그 기운을 느낀 사람들이 우리 곁에 머무르며
우리의 일에 참여하고 싶어 할 것이다. 이렇게 하면
계속해서 가장 좋은 것만을 끌어당길 수 있다.

# 45

# 직관 개발

**DEVELOPING INTUITION**

언제나 '마음' 곁에서 살아가는 사람은 크게 실수할
일이 전혀 없다. 무엇이 최선인지 언제나 정확히
아는 능력이 있는 듯한 사람들이 있다. 그들은
실수하는 법이 없기에 늘 성공한다. 우리도 스스로를
단련하여 '우주의 지고한 마음'에 인도 받을 수
있다. 그러자면 우선 모든 지식의 원천으로부터
직접 길 안내를 받을 수 있다고 믿어야 한다.

침묵 속에 가만히 앉아 '영'이 내면에서 길을
안내하고 있다고 확신하라. '영'의 생각이 우리
생각에 스며들어오는 것을 느끼려 해 보라. '영'이
길을 안내해 주리라 기대하되 즉시 직접적인
인상을 받지 못하더라도 실망해서는 안 된다.
보거나 느끼지 못하더라도 일은 진행되고 있다.

마음속에 들인 생각이 머지않아 아이디어가 되어
떠오를 것이다. 아이디어가 떠오르면 기대했던
내용이 아닌 듯 느껴지더라도 항상 신뢰하라.
첫인상이 대개 가장 직접적이고 선명하다. 보통
'우주의 마음'에서 직접 나오는 그런 아이디어를
조심스럽게 현실로 만들어 내야 한다.

침묵 속에 앉아서 이렇게 선언하라. "우리의 내면에서
모든 것을 아는 '영'이 우리가 정확히 무엇을 해야 할지
알려 주고 있다. 정확히 무엇을 말할지, 어디로 갈지

알려 주고 있다." 이는 아주 중요한 일이니 여기에
절대적으로 의지하라. 새로 사업을 추진하려 한다면
먼저 이러한 내적 확신을 얻으라. 생명의 손에 모든
것을 확실히 넘겼다면 그것을 외부 현실로 만들어
내기만 하면 된다. 절대 실수하지 않는 내면의 목소리에
인도받는 법을 익히고 나면 실수를 피할 수 있다.
우리는 침묵 속에서 지능이 우리를 인도하고 있다고
선언해야 한다. 그러면 실제로 그렇게 될 것이다.

# 46

# 활기가 있으려면

**PRESENCE OF ACTIVITY**

사업장에 활기가 전혀 보이지 않는다고 해 보자.

찾아오는 손님도 없다고 해 보자. 사업하는

사람에게 고객의 존재는 보통 활기를 의미한다.

또한 법칙은 가장 큰 일에서 작동하듯이 가장 작은

일에서도 똑같이 작동한다는 사실을 믿게 되었다고

해 보자. 지금 우리에게 필요한 것은 큰 활기다.

어떻게 해야 그 활기를 불어넣을 수 있을까?

이때 '진실'에 관해 큰 의문이 생긴다. 우리가
현재 보고 겪는 일들을 모르는 척 해야 할까?
전적으로 그렇다, 다른 방법은 없다. 나타난
모습대로만 사물을 보면 결코 그 모습을 바꿀 수
없다. 그러니 겉보기에는 활기가 없더라도 우리가
활기의 한가운데에 있다고 확신하고, 정신적으로
보고, 선언해야 한다. 이를 사실로 느껴야 한다.

사업장이 붐비는 모습을 정신적으로 보라. 사업장이
늘 고객으로 가득 차 있다고 확신하라. 말로써 손님을
끌어들인다고 선언하라. 부담감은 벗어던지라.
존재하는 유일한 힘을 다루고 있을 뿐이라고
확신하라. 그러면 효과가 있을 것이다. 반드시 있다.

말을 할 때는 우리보다 큰 힘이 우리 말을
받아서 그 말대로 우리에게 실현해 주고 있다는
사실을 실감하라. 한계에 대해서는 생각하지

말라. '마음'에 말할 때는 완벽하게 신뢰해야
한다. 사업장이 고객으로 가득한 모습을 마음으로
볼 수 있다면, 이제 거기에 확언을 곁들이고,
사업장이 붐비는 모습을 날마다 시각화해 보라.

무슨 일을 하든 차원 높은 힘에 대한 믿음을 담아서 하라.
특별한 보살핌을 받고 있다고 느끼라. 그건 사실이다.
나타나지 않은 생명의 '우주'에 영혼이 의지하면 동시에
'우주'도 그 영혼에 관심을 기울인다. 이에 대해 예수도
"돌아온 탕아"(누가 15:11-32)의 이야기에서 말했다.
멀리 떨어져 있어도 '아버지'가 보살펴 주었다. 우리가
'아버지의 마음'에 의지하여 '생명'을 가까이 하면
'아버지의 마음'도 내심 우리에게 관심을 기울인다.

그러므로 우리는 '영'이 선물을 가져오면 열린 마음으로
받을 수 있도록 마음을 맑게 유지해야 한다. 아무리
'신'이라고 해도 우리에게 선물을 떠안기지는 못한다.

아직 보이지 않더라도 우리는 미리 선물을 받아야 한다.


"여리고 무력한 손이 어둠 속을 더듬다 어둠
속에서 신의 오른손을 건드리자 끌어올려져 힘을
받았노라."(롱펠로우,「하이어워사의 노래」)
신념을 품으면 그 신념은 언제나 '생명의 영'에게
존중받는다. 원하는 것만을 정신적으로 바라보라.
하늘이 무너지더라도 계속 바라보라. 그리하면
생명의 법칙이 곧 자유의 법칙이라는 사실을
입증할 수 있으리라. '신'은 인간이 '우주' 안의
모든 것을 가지도록 창조하였으되 자신의
본성을 각자 발견하게끔 홀로 남겨 두었다.


애쓰고 발버둥치기를 모두 멈추고 자신의 영혼 안에
있는 진실을 알아 전적으로 신뢰하라. 나는 인도와
보호를 받고 있고 '영'의 힘이 모든 것을 이루어 주고
있다고 날마다 선언하라. 그리고 완전한 평화와

확신 속에 기다리라. 이런 마음가짐이라면 뭐든지
이룰 수 있으며, 영적인 생각의 힘이 우주에서
유일한 진짜 힘이라는 사실을 입증할 수 있다.

# 47

# 나를 나에게 끌어당기기

**DRAWING YOUR OWN TO YOU**

친구와 동료를 끌어당기고 싶다고 해 보자. 친구의
범위를 넓히고 싶다고 해 보자. 이 일 또한 법칙으로
해결된다. 만물은 '하나'이며 그 '하나'가 많은
것으로 시현되는 까닭에, 모든 일은 동일한 법칙으로
해결되기 때문이다. 세상에는 사람들과 분리되어
있다는 느낌에 외로워하는 사람들이 너무나도
많다. 이들이 할 일은 다른 *사람들*이 아니라 만인과
만물의 이면에 존재하는 '*생명의 원리(the Principle*

*of Life)*'와 하나 되기 위해 노력하는 것이다.


이 일은 주변부가 아닌 중심에서 일어난다. 이 '유일한
마음(One Mind)' 속에 만인의 마음이 있다. 생각을
'전체'와 합일시키면, 우리는 전체의 부분으로서 합일될
것이다. 그러므로 가장 먼저 할 일은 '생명'이 우리의
친구이자 동료임을 깨닫는 것이다. 신성한 동료애를
느끼라. 우리가 모든 생명과 하나임을 느끼라. 이 생각이
우리의 마음속에서 깨어나면 전 인류의 마음속에서도
깨어나리라고 선언하라. 세상이 우리에게 끌려오고
있다는 걸 느끼라. 세상과 그 안의 모든 사람을 사랑하라.
만인에게 받아들여지려면 만인을 받아들이라.


세상은 강인함을 갈구한다. 강인해지라. 세상은 사랑을
사랑한다. 사랑을 구현하라. 모든 사람에게서 좋은 점을
보라. 그 밖의 모든 것은 놓아 버리라. 그러면 사람들이
우리의 사랑을 느끼고 그 사랑에 끌려올 것이다.

사랑은 '우주'에서 가장 위대한 힘이다. 만물의 바탕에
사랑이 있다. 사랑은 모든 것이 존재하는 원인이다.


나의 사랑이 온 세상의 길을 비추는 거대한 빛과 같다고
느끼라. 그러면 그 빛이 수많은 친구들을 데려와 그
모두와 우정을 나눌 시간이 부족할 정도가 될 것이다.
진정한 친구가 되라. 그러면 친구가 많아질 것이다.


혼자서도 잘 지내되 동시에 다른 모든 이들을
받아들이라. 그러면 그 강인함을 느낀 사람들이
그 광채 속으로 들어오고 싶어 할 것이다. 절대
침울해하거나 병적 취향에 빠지지 말라. 항상 유쾌한
태도로 온화함과 행복을 발산하라. 우울해하거나
의기소침한 모습을 보이지 말라. 세상은 쾌활하고 선한
동료애를 발산하는 가장 강한 구심점에 끌려온다.


결코 감정이 상처받게 놔두지 말라. 아무도 우리에게

상처 주고 싶어 하지 않는다. 설사 그러고 싶어도
그러지 못한다. 우리는 그 모든 것을 넘어섰기 때문이다.
우리가 어디를 가든 '진실의 영(the Spirit of Truth)'이
먼저 가서 길을 닦고, 그 길을 통해 우리의 안락과
안녕에 필요한 모든 친구를 데려오며, 그들에 대한
영향력도 우리에게 준다고 확신하라. 이런 마음가짐은
자기중심적인 것이 아니라 분별력 있는 것으로서
반드시 수많은 친구와 동료를 데려다줄 것이다.


이제 나는 만인과 연결되어 있으며 만인은 나와
연결되어 있다고 '마음'에 선언하라. 수많은
친구들에게 둘러싸인 나 자신의 모습을 보라.
친구들의 존재를 정신적으로 느끼고, 모든 좋은
것이 내 것임을 즐기라. 어떤 일이 벌어지더라도
이대로 행하라. 그러면 머지않아 멋진 친구들을
만나고 세상의 위인들을 만나게 될 것이다.

# 48

## 마지막 이야기

**THE FINAL WORD**

결국 인간은 스스로 되겠다고 생각한 그대로의
존재다. 큰 생각을 하면 역량도 크다. 작은
생각을 하면 작다. 사람은 가장 많이 생각한 바를
자신에게 끌어들인다. 생각을 제어하는 법을
익히면 자신의 운명도 지배할 줄 알게 된다.


그렇게 하려면, 우주에 현실로 나타나 있는 모든

것은 '마음'이 내적으로 활동한 결과라는 사실을
우선 깨달아야 한다. 이 '마음'이 신이며, '마음'은
'마음' 자신의 신성한 생각으로 우주를 만들어 낸다.
인간은 생각의 센터(thinking center)로서 이 '마음'
속에 있으며, 인간이 하는 생각이 인간 자신의 삶을
지배한다. 이는 신의 생각이 우주의 모든 활동을 일으켜
우주를 지배하는 것과 같다. 이 사실은 이해하기 쉽고
활용하기도 간단해서 역사상 가장 위대한 이 진실을
알아내기까지 왜 그리 오래 걸렸는지 의아할 정도다.


믿기. 진실이라 믿는 바를 생각하기. 되돌아오길
바라는 바를 매일 생각해서 '마음'에 넣기. 부정적인
생각 없애기. 긍정적인 생각 고수하기. '생명의 영'이
항상 법칙을 신임한다는 사실에 감사하기. 절대로
자기 자신이나 다른 사람을 붙잡고 잘잘못 따지지
않기. 법칙 사용하기. 이 과정을 실천하면 정말
법칙대로 되는지 궁금하지 않은 경지에 이르게 된다.
시현되는 것을 보면 *저절로 알게 되기* 때문이다.

대지에 뿌려진 씨앗은 품종에 해당하는 열매를 맺는다. 이는 그 무엇도 가로막지 못한다.


"귀 있는 자는 들을지어다."(마태 11:15)

# 마음과 성공

1판 1쇄 펴냄  2022년 6월 2일
1판 3쇄 펴냄  2022년 9월 28일

**지은이** | 어니스트 홈즈
**옮긴이** | 박찬준·고빛샘
**발행인** | 박근섭
**책임편집** | 강성봉
**펴낸곳** | 판미동

**출판등록** | 2009. 10. 8 (제2009-000273호)
**주소** | 06027 서울 강남구 도산대로 1길 62 강남출판문화센터 5층
**전화** | 영업부 515-2000 편집부 3446-8774  **팩시밀리** 515-2007
**홈페이지** | panmidong.minumsa.com

도서 파본 등의 이유로 반송이 필요할 경우에는 구매처에서 교환하시고
출판사 교환이 필요할 경우에는 아래 주소로 반송 사유를 적어 도서와 함께 보내주세요.
06027 서울 강남구 도산대로 1길 62 강남출판문화센터 6층 민음인 마케팅부

판미동은 민음사 출판 그룹의 브랜드입니다.

# 성공은 당신 것

**데이비드 호킨스 | 박찬준 옮김**

**"저는 여러분이 '성공하는 법' 책을 다 던져 버리길 바랍니다."**

정신과 의사이자 세계적인 영적 스승 호킨스 박사가 남긴
진정한 성공의 지침서. 성공의 원천은 우리가 하는 활동(doing)이
아니라 세상 속에서 존재하는 우리의 태도(being)에 있음을
체계적으로 밝힌다. 즉 무엇인가를 하려고 애쓰기보다는 스스로
친절하고 우호적인 태도로 존재하겠다는 내면의 원칙을 세우면
부와 명성이 저절로 따라온다는 것이다. 호킨스 사상의 정수를
고스란히 담고 있으면서도 쉬운 언어로 풀어내, 비즈니스
분야와 성공하는 사람들의 내면세계가 작동하는 방식을
명확하게 보여 준다.